互联时代的管理变革

陈　谏　黄树辉　杨剑侠　著

企业管理出版社
ENTERPRISE MANAGEMENT PUBLISHING HOUSE

图书在版编目（CIP）数据

互联时代的管理变革 / 陈谏, 黄树辉, 杨剑侠著.
-- 北京：企业管理出版社，2017.1
ISBN 978-7-5164-1462-0

Ⅰ. ①互… Ⅱ. ①陈… ②黄… ③杨… Ⅲ. ①互联网络—应用—企业管理—研究 Ⅳ. ①F272.7

中国版本图书馆CIP数据核字（2017）第016122号

书　　名：互联时代的管理变革
作　　者：陈　谏　黄树辉　杨剑侠
选题策划：申先菊
责任编辑：申先菊
书　　号：ISBN 978-7-5164-1462-0
出版发行：企业管理出版社
地　　址：北京市海淀区紫竹院南路17号　　邮编：100048
网　　址：http://www.emph.cn
电　　话：总编室（010）68701719　　发行部（010）68701073
编辑部（010）68456991
电子信箱：emph003@sina.cn
印　　刷：嘉科万达彩色印刷有限公司
经　　销：新华书店
规　　格：170毫米×240毫米　16开本　10印张　108千字
版　　次：2017年1月第1版　2017年1月第1次印刷
定　　价：42.00元

前　言

颠覆，管理界的序幕才刚刚开始。

当管理知识平民化后，我们每日接受到无数碎片后的管理知识，我们饭后闲谈不时会崩出通俗、易懂、言简、意赅的管理典故，管理神秘的面纱早已被揭开，我们似乎最不缺的就是管理！

在企业的经营与管理中，我们走过了崇洋媚外，我们经历了拿来主义，曾经引进、推行西方的管理已经完成使命。

当西方的管理在中国企业中水土不服时，睡狮终于醒悟，中华五千年灿烂的历史与文化，在管理领域也深藏着无数珍宝。不识庐山真面目，只缘身在此山中。

于是，我们纷纷重返国学舞台，中国的企业还是得用中华的思想来引领。

然而，一旦触及到人性、利益与观念等深层领域、核心地带时，西式管理不灵了，中式思想也不灵了。

互联，不只是技术手段与工具。

伴随360、百度、阿里、腾讯等互联网商业帝国的崛起，人们把互联网技术与应用推向了互联网思维模式的巅峰。

什么是互联网思维？互联、共享、开放、创新、跨界、合作就是它的主旋律。

于是，根深蒂固的行业壁垒，突然被互联网这个技术、应用与思维浪潮所击破，这意味着一个翻天覆地的经济实体洗牌、商业模式创新时代已然到来。

互联意味着打通，打通意味着重构，重构就是让产业链条之DNA发生变异，进而重组出新的“章鱼式”跨界产业巨头。

因此，打破行业壁垒之目的就是为了形成更加牢固的产业壁垒，这就是“互联网浪潮”的终极使命与真实面目。

商业的本质，就是价值变现。

商业生态圈的构建，就是把经济实体中的上下游供应链、横纵向产业链引向立体价值链。

曾经被割裂的、相互竞争的各种商业领域、资源、模式与活动，将被融合成为新的共生、平衡、良性商业生态圈，当前热门的互联技术、应用与思维为此商业生态圈构建提供了可行性的条件与保障。

于是，旧的行业壁垒已被打破，新的产业旗舰正在形成，围绕价值变现为核心的商业生态圈已初见端倪。在企业经营与管理领域，互联网思维之浪潮同样在推波助澜，曾经被结构化细分的各种管理领域、专业，将变得越来越模糊，随之而来的就是跨界的经营与管理思想、方法、知识、能力、行为与实践。

时代，正向传统管理模式逼宫。

我们生活在一个美好的智能终端时代，曾经说科技改变生活，现在是移动改变工作。曾经令人向往的SOHO一族，如今比比皆是。SOHO热浪未退，那些如影随行的智能终端悄然而至，于是工作的时空被无限延伸。

今天的科幻就是明天的现实，不久的明天，即便脱离智能终端，仍然可以实现在任何时间、任何空间的畅快办公。

每一个年代，都存在着深深的年代烙印，人们在工作中所体现的行为模式也一样，出生于苦逼的60年代、尴尬的70年代、幸运的80年代、任性的90年代、无忧的00年代，这些不同年代的人，由于社会、经济、文化、教育、家庭、人口等条件与环境的巨大变化，行为模式便大相径庭。

改革开放三十多年，实体经济的经营模式不断发生着变化，与之相匹配的管理模式也随之而变。这一切经营模式、管理模式似乎都很有规律，都很遵守规矩。

当互联网技术、应用与思维冲击到各行各业以及各种领域时，企业的经营模式正在发生翻天覆地的裂变，与此同时，人们生活与工作的时空模式、行为模式也发生着巨大的变化。

面对这一系列的变化，企业的经营与管理必将面临前所未有的挑战。

变革，山雨欲来风满楼。

做企业、搞实体，在曾经百废待兴的时代，不少人做着做着就成功了，这就是先立足再布局的行动潮流，这也是草根英雄与冒险者的天堂。

而今各类行业、产业的经营成本高涨、竞争剧烈、产能过剩、泡沫横飞，实体经济早已被所谓的GDP、货币、政策、投机等行为折腾的萎靡不振，此时无数企业走着走着就迷失了，这就是想立足无布局的激情一派，这也是一哄而起，一哄而散的炼狱。

伴随着互联技术、应用与思维对各行各业的渗透与冲击，经营企业必将变革为先布局再立足的谋定而后动，这样谋着谋着就成功了，这将是胆略、智慧、谋略与运筹的天空。

经历了西方严谨、精细、量化的管理熏陶之后，我们的企业管理发生了脱胎换骨的巨大变化，中国企业管理从开放、引进到提升、普及、飞跃，我们必须向西方管理致敬。

当我们的企业管理百尺竿头更进一步时，在管理的深水区触碰到人性、利益与文化等暗礁，既有的管理思维与方法显得如此苍白，哪怕是博大精深的中华国学也无能为力。

此时，恰好迎来了高举“创新、颠覆、跨界”的互联网思维浪潮，于是“行业壁垒被打破、产业加速重组、商业生态融合”成为了企业界的主旋律。因此，用经营的大局思维与方法代替管理的细微机制与行为，就成为了经营企业的必然趋势。

19世纪英国生物学家、进化论的奠基人达尔文先生提出了伟大的“物竞天择、适者生存、优胜劣汰”观点。

20世纪美国著名管理大师、“全球第一CEO”、“美国当代最成功、最伟大的企业家”杰克·韦尔奇先生在绩效管理中把达尔文先生的“优胜劣汰”观点发挥与应用到极致，并深深地影响、引领着全球的管理观念与潮流。

然而，在移动互联的今天，这种跨世纪的管理宝典，不断地受到挑战与质疑。建立合作共生的商业生态圈、经济生态圈，或许比推崇白热化的竞争势态更能赢得未来。

诺基亚手机曾经雄霸世界十几年，手机的稳定性和耐用性至今有口皆碑，但是质量稳定和经久耐用并没有让诺基亚守住市场份额，当诺基亚前任CEO约玛·奥利拉在记者招待会上公布同意微软收购时最后说了一句话：“我们并没有做错什么，但不知为什么，我们输了。”说完，连同他在内的几十名诺基亚高管不禁落泪。

究竟是什么原因导致了诺基亚的失败？很多案例分析归咎于诺基亚管理层的自负与封闭导致的一系列战略失误和iPhone为代表的智能手机的冲击。NOKIA是基于电信网络的通话设备，而iPhone手机可以聊天、发邮件、玩游戏、看电影、听音乐、导航定位、娱乐、购物、学习、社交等等，有数亿计的APP满足各种各样的需求，iPhone带给用户的是整个互联网世界。

诺基亚的失败，是移动互联网时代的产品淘汰数字通信时代产品的表现，是一个时代淘汰另一个时代的典型案例，诺基亚的失败是因为落后于移动互联的这场革命。

因此，在互联网时代，拥抱互联网技术、应用与思维，在“互联网+”“+互联网”浪潮中顺势转型成为实体经济走出低谷是大势所趋。

黄树辉

2017年2月

目 录

第一部分

互 联 时 代 的 管 理 变 革

颠覆，管理界的序幕
才刚刚开始

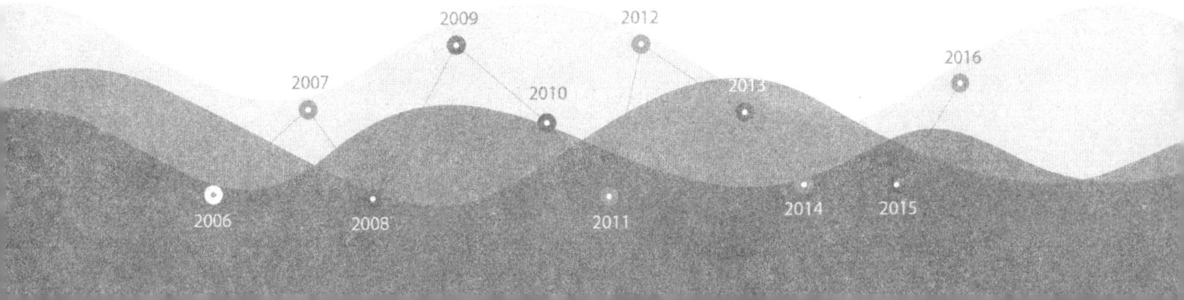

第一章

管理知识井喷

当管理知识平民化后，我们每日接受到无数碎片后的管理知识，我们饭后闲谈不时会崩出通俗、易懂、言简、意赅的管理典故，管理神秘的面纱早已被揭开，我们似乎最不缺的就是管理！

出租车司机的管理学问

曾在网络中疯传一篇题为《一位出租车司机的MBA课》，把大众看得高深莫测的MBA课程，讲解得十分浅显易懂。故事大概摘录如下（下文中的“我”是该文的作者）：

出租车司机：“去哪里……好的，机场。我在徐家汇就喜欢接美罗大厦的生意，在这里我只接两个地方：美罗大厦和均瑶大厦。你知道吗？接到你之前，我在美罗大厦门口兜了两圈，终于让我看到你了！从写字楼里出来的，肯定去得不近……”

“哦？你很有方法嘛！”我附和了一下。

“出租车司机，也要用科学的方法。”他说。我一愣，顿时对什么是“科学的方法”感兴趣。

“要懂得统计，我给你讲，我每天开17个小时的车，每小时成本34.5元……”

“怎么算出来的？”我追问道。

“你算啊，我每天要交给公司380元，油费大概210元左右，一天17小时，平均每小时固定成本22元（交公司）、12.5元油费，这不就是34.5元了？”听了他的话，我有些惊讶。我打了10年的车，第一次听到有出租车司机这么计算成本，以前的司机都和我说，每公里成本0.3元，另外每天交多少钱之类的。

“成本是不能按公里数算的，只能按时间算。你看，计价器有一个‘检查’功能，你可以看到一天的详细记录。我作过数据分析，每次载客之间的空驶时间平均为7分钟。如果拉一位只付起步价10元的客人，大概要开10分钟。也就是说每一个10元的客人要花17分钟的成本就是9.8元，不赚钱啊！”

强！这位师傅听上去真不像出租车司机，倒像是一位成本核算师。

“那你怎么办呢？”我更感兴趣地继续问，看来向这位出租车司机还能学到新东西。

“千万不能被客户拉着满街跑，而是通过选择停车的地点、时间和客户，主动决定你要去的地方。”他说。我非常惊讶，这听上去很有意思。

“有人说出租车司机是靠运气吃饭的职业，我认为不是。你要站在客户的位置上，从客户的角度去思考。”这句话听上去很专业，有点像很多商业管理培训老师说的“put yourself in others’shoes”（从别人的角度去考虑）。

“给你举个例子：医院门口，一个拿着药的，一个拿着脸盆的，你载哪一个？”我想了想，说不知道。

“你要载那个拿脸盆的。一般人到医院看看病，拿点药，不一定会去很远的医院。拿着脸盆打车的，那是出院的。医院里哪天不死人？今天二楼的谁死了，明天三楼又死了一个。所以，能痊愈出院的人通常会有一种重获新生的感觉，重新认识生命的意义，健康才最重要。那天，有个拿脸盆的说：‘走，去青浦！’他眼睛都不眨一下。你说他会打车到人民广场，再去坐青浦线吗？绝对不会！”

我不由得开始佩服这位司机。

“再给你举个例子：那天在人民广场，有三个人招手，一个年轻女子拿着小包，刚买完东西；还有一对青年男女，一看就是逛街的；第三个是个里面穿绒衬衫，外面穿羽绒服的男子，拿着笔记本包。我看一个人只需要3秒钟，于是我毫不犹豫地停在这个男子面前。这个男的上车后说：‘延安高架、南北高架……’还没说后面他就忍不住问：‘为什么你毫不犹豫地开到我面前？前面还有两个人，他们要是想上车，我也不好意思和他们抢。’我回答说：‘中午的时候，还有十几分钟就1点了。那个女孩子是中午溜出来买东西的，估计公司很近；那对男女是游客，没拿什么东西，不会去很远；你是出去办事的，拿着笔记本包，一看就是公务。而且这个时候出去，估计应该不会近。’那个男的就说：‘你说对了，去宝山。’”

有道理！我越听越有意思。

“有一次，一个人打车去火车站，我问他怎么走，他说要那样走。我说：‘慢，上高架，如何？’他说：‘这就绕远了。’我说：‘没关系，你经常走你有经验，你那么走50元，你按我的走法，等计价器到50元了，我就翻表。你只给50元就好了，多的算我的。按你说的那么走要50分钟，我带你这么走只要25分钟。’最后，按我的路走，多走了4公里，快了25分钟，我只收了50元。乘客很高兴，节约了10元左右。这4公里对我来说就是1元多的油钱，我相当于用1元多买了25分钟。我刚才说了，我一小时的成本34.5元，我多合算啊！”

“在大众公司，一般一个司机每月可以拿到3000～4000元，好点的大概5000元左右，顶级的司机大概每月能有7000元。全大众2万名司机中，大概只有万里挑一的两三名司机，每月能拿到8000元以上，而且很稳定，基本不会有大的波动，我就是这两三个人中间的一个。”

太强了！到此为止，我越来越佩服这位出租车司机。

……

此文经网友们分析，这位出租车司机精通了成本分析、数据统计、市场洞察、客户心理等管理知识与经验，堪称民间的管理大师。

管理知识的来源与海量

前文这个拥有丰富管理知识与经验的出租车司机，只能算是当今普通老百姓的代表之一。

在经历了几十年的改革开放与经济发展，各个领域与层次人们的管理水平都得到了大幅度提升，随便找位老百姓都可以滔滔不绝地讲出许多管理理论与方法。

人们之所以能学到各种各样的管理知识，得益于我们具有广泛的管理知识来源，如图1–1所示。

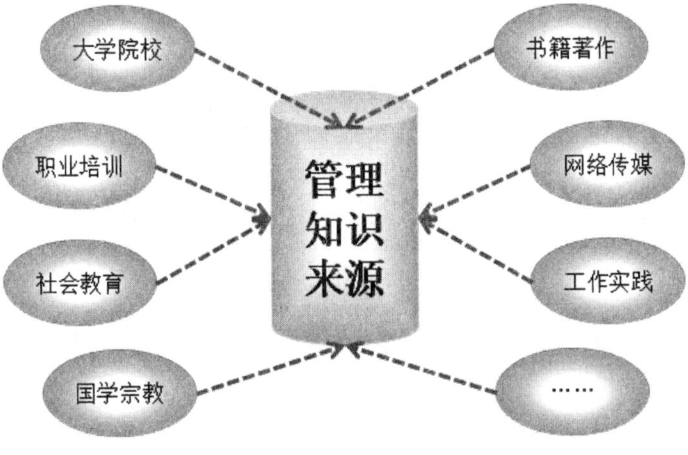

图1–1　管理知识的来源

管理知识主要来源于大学院校、职业培训、社会教育、国学宗教、书籍著作、网络传媒、工作实践等方面。

- **大学院校：**各类大学院校开设的经营、管理类专业，它是管理知识的入门与基础。

- **职业培训：**走上工作岗位后，为了适应岗位职责的需要，用人单位对职员提供专业的、针对的、必需的职业培训，特别是关于管理类岗位以及管理类职责，用人单位积累与提供了大量的管理知识与素材。

- **社会教育：**相比大学院校、职业培训的管理知识，社会教育所提供的管理识知，更为领先、实用，比如MBA、EMBA以及各类专业的研修班，它们主要针对有较深管理基础或有较丰富管理实践的人群提供管理思想、管理知识、管理艺术等进一步深造的社会教育平台。

- **国学宗教：**国学与宗教，看上去与管理知识不是很相关，事实上国内外很多管理知识的理论基础都是基于国学与宗教，近十多年来，管理界的学者们都在国学与宗教领域里提炼出其关于管理方面的精髓。

- **书籍著作：**这是一个最主要的管理知识来源，各种学术、各种流派、各种沉淀，都通过书籍著作的形式进行积累。

- **网络传媒：**各种网络、传媒，有意无意地也为大众提供了碎片式的管理知识，在当今移动互联的时代，这类管理知识显得更为丰富多彩。

- **工作实践：**知识来源于实践，管理知识也一样是在工作实践中不断摸索与总结出来的。

由于管理知识的来源丰富，由此所产生的管理知识量更是让人难以统计。

管理知识从原创，到传播，再到可供人们选择性接受，是处于几何级的不断放量倍增，如图1–2所示。

- **管理知识的创作：**管理知识的原创，主要来源于大学院校、知名企业以及社会上的管理精英与学者们。

◇ 院校：全球大学院校大概超过4万家，其中美国约5000多家，中国约4000多家。假设按100家最知名、最有实力的院校来计算，每所院

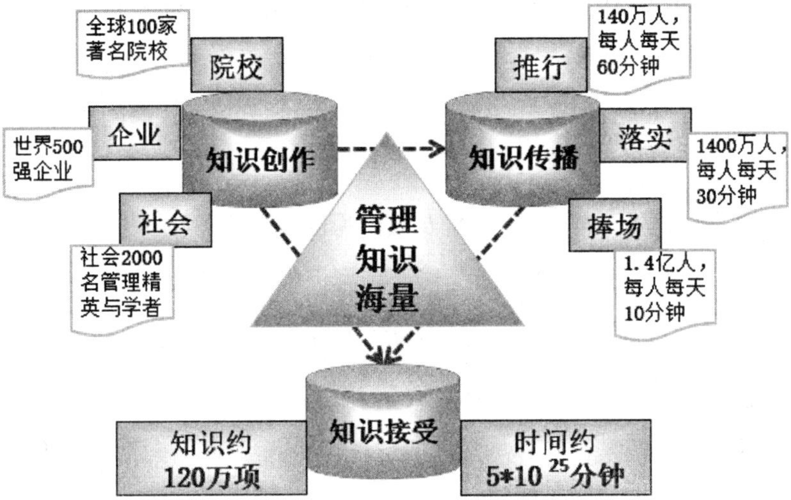

图1-2　管理知识的海量

校沉淀了50年，这些院校50年内按叠加10名顶尖的管理类教授与学者计算，平均每人每年原创10项管理学术、理论、模式或方法，那就有100家×50年×10名×10项=500 000项（50万项）管理知识。

◇ 企业：全球有数不胜数的企业，被大家津津乐道的世界五百强中，均是各具管理特色的，均是很有管理创新的企业。假设这500家企业按10年的黄金管理创新期，每年推出100项新的管理模式、体系、方法与工具，那就有500家×10年×100项=500 000项（50万项）管理知识。

◇ 社会：除了院校与企业，还有不少游走于社会各个领域的管理精英与学者们研究、探索与沉淀出大量的管理知识与实践，让管理领域的知识更加丰富多彩。假设全球按2000名管理精英与学者计算，每名精英与学者的最佳创作期为10年，每年创作出10项理念、论文、学术等管理知识，那就有2000名×10年×10项=200 000项（20万项）管理知识。

通过上述粗略的估算，在管理领域就高达120万项原创的知识，应该说是应有尽有，只有找不到的管理知识，没有不存在的管理知识。

● **管理知识的传播：**上述巨量的管理知识，经过不同角色的传播（比如推行者、落实者、捧场者），将转化、衍生出恐怖的知识量，目前尚没有可以统计这个知识量的合适方法，姑且用投入时间（分钟）来计算。

◇ 推行：所谓推行，是指专职作为管理知识的强力推行、解读与监管者。假如中国人口按14亿来计算，据最新的人口普查数据，其中15~65岁的人口约占七成，这个年龄段的人相对来说是管理知识的关注人群，那么按总人口的千分之一来统计推行者，那就是140万人，每人每天通过推行活动传播管理知识60分钟，那就是每天有140万×60分钟=8400万分钟的管理知识推行时间。

◇ 落实：所谓落实，是指在推行者的引导下，在工作实践中去落实有关管理政策、机制。假如按中国总人口的百分之一来统计落实者，那就是1400万人，每人每天通过推行活动传播管理知识30分钟，那就是每天有1400万×30分钟=42 000万分钟的管理知识落实时间。

◇ 捧场：所谓捧场，是指对各种推行、落实活动中所产出的管理知识进行转发、传播。只要对管理知识稍微认同，有意无意间参与其中的人们，估计可以达到总人口的十分之一，那就是1.4亿人，每人每天通过这种捧场式行为传播管理知识10分钟，那就是每天有14 000万×10分钟=140 000万分钟的管理知识捧场时间。

管理知识的传播时间，不是累加，而是累积，当它的推行、落实、捧场时间交织穿插传播时，每天可以产出8400万分钟×42 000万分钟×140 000万分钟，约为5×10^{25}分钟让大家永远看不完的管理知识。

● **管理知识的接受：**如上粗略估计，大约120万项原创管理知识，每天分布在5×10^{25}分钟传播时间中，如此海量的管理知识，我们现在还缺管理吗？

管理知识的分类与流派

在管理盛世时期的管理知识之所以井喷，因为存在各种各样的管理知识，比如管理思想、管理方法、管理工具、典型案例、管理哲理、励志故事、心灵鸡汤等，如图1–3所示。

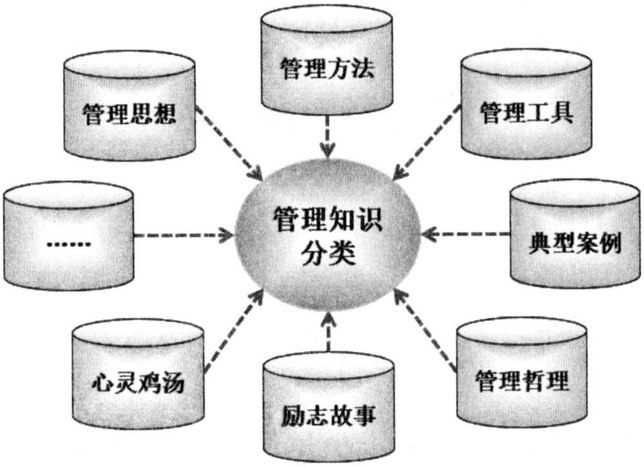

图1–3　管理知识的分类

- **管理思想：**指管理学中的原理、概念、路标与蓝图。比如迈克尔·波特提出的行业结构分析模型（即“五力模型”）、约翰·科特提出“领导和管理是两个截然不同的概念”、泰罗的“科学管理理论”、霍桑的“人际关系学说”、马斯洛的“需要层次理论”、赫兹伯格的“双因素理论”、费鲁姆的“期望理论”、麦克雷戈的“X理论—Y理论”、布莱克和穆顿的“管理方格图理论”等。
- **管理方法：**指根据管理思想或管理实践，提炼出来可以借鉴、应用与推广到实际管理工作中的具体方法。比如目标管理法、流程管理法、细节管理法、动态管理法、预测管理法、博弈管理法、风险管理法、回归分析法等。

● **管理工具：**指根据有关管理思想，并方便与执行对应的管理方法，设计出来相对固化的模型与工具。比如SWOT、PDCA、SMART、DMAIC、DMADV、能力素质模型、软件成熟度模型等。

● **典型案例：**指在某种管理思想或管理方法的指导下，提炼出一些具有代表与论证意义的成功或失败案例，以树立标杆、典型或反面教材，供大家进行参考、学习、模仿或规避的实际案例。比如通用电器的目标管理、索尼的绩效管理、华为的信息安全管理、腾讯的企业文化管理等。

● **管理哲理：**指从管理实践、典型案例中提炼出来的哲理式语录与感悟，它是更为抽象、深刻与发人深省的管理思想。比如“资本的原始积累是血淋淋的”、“你能站多高，就能看多远”、“布局决定结局”等。

● **励志故事：**指在潜移默化中引导与激发人们积极向上的某些人物传记、典型事迹等。比如大学找不到女朋友的俞敏洪老师、数学几乎零蛋的马云先生之奋斗故事等。

● **心灵鸡汤：**指引导、塑造人们工作与学习心态的各类简短格言、语句，这类“鸡汤”举不胜举。

各种类别的管理知识，根据不同的特色又可以划分为很多流派，比如对管理带来指导的流派、对管理进行创造的流派、反应管理视角的流派、体现管理风格的流派，如图1–4所示。

● **指导类：**指导类的管理知识，可根据其指导性分为理论派、实践派、忽悠派。

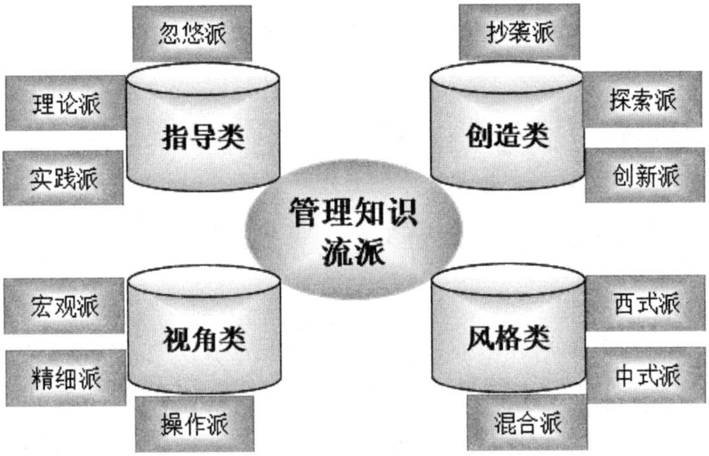

图1-4　管理知识的流派

◇ 理论派的特点是理论体系强，但实际可行性、操作性尚待验证。

◇ 实践派的特点是注重管理知识的可执行、可落地。

◇ 忽悠派的特点是看似高大上，实际就是一派胡言，理论根基不稳，又无法执行落实。

创造类：创造类的管理知识，可根据其原创性分为探索派、创新派、抄袭派。

◇ 探索派是对最前沿的、未出现的管理思想与方法进行研究、分析、尝试、论证。

◇ 创新派是根据管理探索的结果，形成可以施行与推广的管理方法、工具与体系。

◇ 抄袭派是把现成的管理知识巧立名目，换个“马甲”粉墨登场。

● **视角类：**视角类的管理知识，可根据视角、高度与层次分为宏观派、精细派、操作派。

◇ 宏观派的特点是看大局、看长远，比如战略、规化、布局等。

◇ 精细派就是聚焦具体事物管理，比如政策、机制、流程等。

◇ 操作派主要指管理的方法与工具，它的重点是方便管理知识的具体落实，如标准、说明、手册、工艺等。

● **风格类：**风格类的管理知识，可根据其中西方特点分为西式派、中式派、混合派。

◇ 西式派是指西方精细、量化式的管理风格。

◇ 中式派是指中国弹性、人情式的管理风格。

◇ 混合派是指结合中、西方管理思想、方法，混合搭成另一种中西合璧式的管理风格。

第二章
重返国学舞台

在企业的经营与管理中，我们走过了崇洋媚外，我们经历了拿来主义。

当西方的管理在中国企业中水土不服时，睡狮终于醒悟，中华五千年灿烂的历史与文化，在管理领域也深藏着无数珍宝。不识庐山真面目，只缘身在此山中。

于是，我们纷纷重返国学舞台，中国的企业还是得用中华的思想来引领。

一滴水的故事

一次佛陀问弟子："一滴水，如何才能让它不干呢？"

弟子回答不出来。

佛陀说："把它放入大海。"

这个佛学中的师徒对话，经常被引用到管理学中进行解读：

- 单独的一滴水，再有能量，也经不住阳光的暴晒、狂风的侵袭，唯有融入大海，才能永不干涸。
- 一个公司的发展，绝不是依靠单独的某个人英雄，而是需要借助团队力量。
- 共同成长是种管理原理，这既可以按照统一的认识推动公司前进，同时也是为了每一位员工都有好的发展前景。
- ……

关键时候得看中医

在企业的经营与管理过程中，我们学习、引进、推崇西方的管理理念、方法与工具。然而，当管理的对象不只是物料、设备、财务等主体，而是具有千变万化的人群时，西方的管理在中国的企业中也触摸到了天花板。

就如我们认同、接受西医，但这些年我们发现老祖宗积累、沉淀、传承下来的中医，对治根固本可能更有效果。

西式管理的主要特点就是规矩，中式管理的主要特点就是调皮，如图2-1所示。

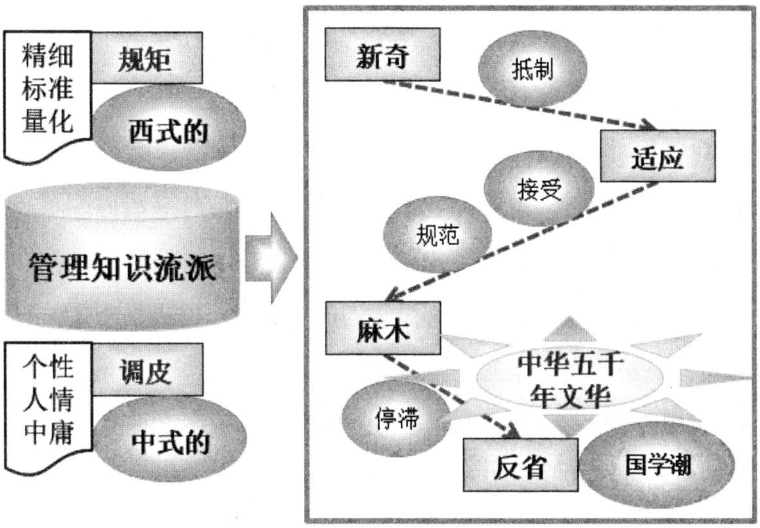

图2-1　中西方管理特点分析

关于中、西方管理特点之说，可以简洁地概括为：

- **西式“规矩”**：西式的管理可以用“规矩”来描述，因为西方人相对来说较愿意尊重规矩，于是他们可以推行精细的、标准的、量化的管理。然而，西式管理所定下的这些“规矩”，比如精细的机制、标准的流程、量化的数据，在中华大地上就难以被循规蹈矩。
- **中式“调皮”**：由于中国人比较“调皮”，我们喜欢用个性、喜欢与众不同、喜欢标新立异，对既定的规矩视而不见；我们也是礼仪之邦，崇尚礼仪，便滋生了各种各样的人际、人情关系，于是在规矩面前，人情更可贵；我们还善于找借口，我们天生就是一群能言善辩的诡辩家，对于立什么“规矩”、破什么“规矩”，我们都可以轻易地找到无数天衣无缝的借口。

正因为我们是如此“调皮”，当我们发现西式的“规矩”治不了我们时，我们恍然大悟，“以夷制夷”，用中医治中国人的病，才是上上之策。

从引进西方的管理转变到重视中方的管理，经历了四个阶段，即新奇、适应、麻木、反省。

- **新奇阶段**：在20世纪八九十年代，中国刚刚推行改革开放，在以发展经济为中心的大政策环境之下，各种经济实体在沿海改革开放城市兴起，以港台企业、合资企业、外资企业为主流，不断引入、推行西方的精细、标准、量化管理。这对于国内未见世面的人们来说，对此一边是新奇，一边是本性难改的本能地抵制。
- **适应阶段**：管理的规范化是必然趋势，当一批批龙头企业成功地引进与推行西方管理，并为企业带来诸多方面的改观、效益时，接受西方的“规矩”，达到管理的规范，已成为国人的共识。
- **麻木阶段**：当管理达到一定程度时，本就“调皮”的国人，开始显露其重个性、重人情、重借口的本性，于是对西式的管理发生了免疫能力，开始对西式管理麻木，重新回到不受“规矩”约束的我行我素状态。
- **反省阶段**：由于人们对管理变得麻木，于是管理一度变得停滞不前，虽然百尺竿头，但很难更进一步。于是我们进行反省深思，蓦然回首，中华五千年灿烂的历史与文化，或许就有让管理上升到更高境界的答案，于是我们举国上下，开始了向国学求教的潮流。

国学中的管理精华

在中国古代国学与宗教里，很多思想与哲学的理念与观点，对管理界影响甚为深刻，比如诸子百家中的法家、道家、墨家、儒家、名家，以及宗教界的佛学等。

● **法家：**“法治”是法家的核心主张，推崇“不别亲疏、不殊贵贱、一断于法”。当前所谓“有法可依、有法必依、执法必严、违法必究”之依法治国，就是沿袭与发展法家的管理思想。

● **道家：**“无为”是道家的最高境界，主张“以大道为根、以自然为伍、以天地为师、以天性为尊，以无为为本”，主张“清虚自守、无为自化、万物齐同、道法自然”。当今管理中的“顺势而为、审时度势、因势利导、时移势易、无为而治”等就是道家敬畏自然、遵循规律的管理思想。

● **墨家：**“兼爱”是墨家的思想观点，以“兼相爱、交相利”作为学说的基础。兼，视人如己；兼爱，即爱人如己。“天下兼相爱”，就可达到“交相利”的目的。政治上主张尚贤、尚同和非攻；经济上主张强本节用；思想上提出尊天事鬼。同时，又提出“非命”的主张，强调靠自身的强力从事。

● **儒家：**“教化”是儒家的思想理念，以六艺为法，崇尚“礼乐”和“仁义”，提倡“忠恕”和不偏不倚的“中庸”之道，主张“德治”和“仁政”，重视道德伦理教育和人的自身修养。设计一系列道德、伦理去教化人们“有可为、有可不为”，就是儒家的管理精髓，又由于它“只许周官放火，不许百姓点灯”，不免沦为了利益与权贵阶层愚民教化的思想伎俩。

- **名家**：“逻辑”是名家的哲学思想，名家注重辩论“名”与“实”之间的关系，一直被冠上一个“诡辩”的恶名。任何一个事物，均可以“见仁见智”，这就是中国千百年来，很难坚守所谓人性的良知与底线，而无法识别是、非、对、错，经常是黑白颠倒、是非不分，这是对任何政策、机制、行为都可以作出完全相反解读的根源之一。

- **佛学**：“修行”是佛学的行为宗旨，佛学中的“空、无常、无我、来生、因果”等都在引导大家向善与和谐。当前在佛学中寻求管理之道已经成为了一种新的流行趋势。

第三章
进入管理胶着期

曾经引进、推行西方的管理已经完成使命，而今重视中华的思想已成为趋势。

然而，一旦触及到人性、利益与观念等深层领域、核心地带时，西式管理不灵了，中式思想也不灵了。

王石先生的迷惘

不管是商业界还是管理界，王石先生及其管理的万科，可谓闻名遐迩。因为王石先生对万科的管理，已经达到了相当高的水准与层次。

可最近王石先生面对万科表示很烦恼、很迷惘。

事件起始于宝能系以“野蛮人”的形象增持与举牌万科，风波稍微平息后又再次被推向高潮，牛人王石先生因运作深铁重组项目，让万科的股权之争战火重燃，先被华润集团反对，接着沉静了一段时间的宝能系趁机提议罢免万科管理层……

王石先生在万科、宝能、华润之间的利益、权力角逐，看上去是在上演一套商业混战的利益闹剧，而实际上却是管理思想的裸奔。

当万科大股东宝能系提议罢免万科管理层，对王石先生抛出潜台词“没有你王石，万科照样运转；没有现在的管理层，万科照样运转”之时，且不管这场闹剧中的主角、配角、群演们谁是谁非、谁去谁留。仔细思考下，经王石先生及其率领的万科管理层，把万科打造成了以卓越管理作为业界楷模的旗舰企业与先进体系，如今转眼间已风雨飘摇、自身难保。

或许，身为地产行业龙头企业万科的掌舵人王石先生不得不扪心自问：是哪里出了问题？是没有经营好万科？是没有管理好万科？还是没有侍候好万科股东？

……

管理进入深水区

不管是王石先生带领的万科，还是其他企业，目前的管理水平都达到了较高的层次。一些基础性的管理，比如机制、流程、文化等领域的管理都趋于完善，但要进一步提升管理效率、效果与效益，就必定会触及如何解决管理深水区的问题，如图3–1所示。

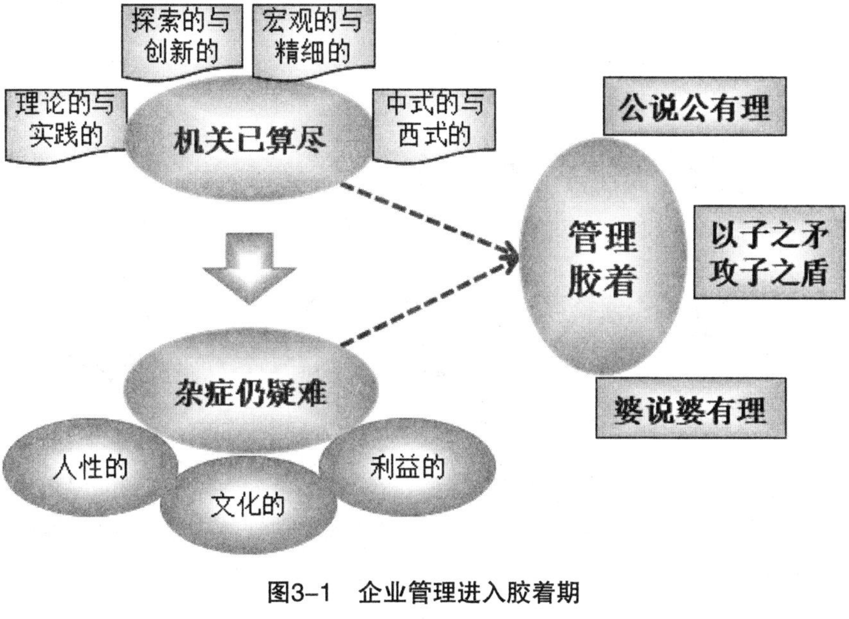

图3–1　企业管理进入胶着期

- **机关已算尽：**在企业经营与管理过程中，不管是理论的思想还是实践的案例，不管是探索的思路还是创新的方法，不管是宏观的布局还是精细的机制，不管是西式的规矩还是中式的弹性，我们都已发挥它们各自的特点与优势，并应用到管理实务中。然而，即便用尽这些管理思想、方法与工具，我们仍然在管理活动中难以为继，显得黔驴技穷。

- **杂症仍疑难：**万科的管理在企业管理界有口皆碑，称为楷模，可一旦触及人性的自私与贪婪，道德良知与社会文化的沦丧，利益的占有、掠夺时，所有的管理都被人性、文化、利益等狠狠地踩在脚下。

- **管理胶着：**前面提到诸子百家中素被称之为“诡辩”的名家，对国人影响无比深刻，“调皮”的人们，凭借对名家“诡辩”思想的精通，可以对任何管理体系、机制，进行精明地“以子之矛攻子之盾”，这就是所谓的“擦边球、钻漏洞”，我们频频遇到对管理机制予以“公说公有理、婆说婆有理”的执行或不执行借口，于是管理不时陷入胶着状态。

停滞在从优秀到卓越

当前我们的企业经营与管理，前面走了90步，走得很精彩。当我们进入接下来10步时，就是真正地追求企业经营与管理的从优秀到卓越，而此时面临步履维艰、难上加难。

前面的90步，伴随着中国改革开放三十多年，企业的经营与管理虽然磕磕绊绊，却也健步如飞。这个阶段夯实了管理基础，并快速进入了普及与提升的层次。

接下来的10步，在管理的深水区中，面对人性、文化与利益的底线与冲突，此时的企业管理，犹如逆水行舟，不进则退，甚至前功尽弃。

比如在功、名、利至高无上的今天，让人们放弃竞争、剥夺、自私、损人等人性劣根，而崇尚共生、分享、互助、利他等行为准则，有多少人愿意配合与践行？

比如在各种成功学、财富学、厚黑学、诡辩学、忽悠学、阴谋学等文化环境的熏陶与影响下，有多少人还愿意与良知、向善、奉献、公正等行为底线为舞？

比如各种既得利益集团与阶层，谁愿意拿出自己通过各种途径获取、占有、掠夺的“蛋糕”重新分配给无数弱势群体而与民同乐？

因此，当我们的管理达到了一定的水平与高度，要百尺竿头更进一步，若无法面对与解决人性、文化与利益等深水区底层、敏感、核心的问题，我们就无法走完从优秀到卓越的最后10步，我们的企业管理就会停滞在从优秀到卓越的茫茫路途。就如前文提到王石先生的苦恼与迷惘，他所带领、经营与管理的万科，已经不是管理方法与水平的问题，而是人性、文化与利益等深层次的尖锐问题。

第四章

掀起互联思维浪潮

伴随360、百度、阿里、腾讯等互联网商业帝国的崛起，人们把互联网技术与应用推向了互联网思维模式的巅峰。

什么是互联网思维？互联、共享、开放、创新、跨界、合作就是它的主旋律。

阿里在美国敲响上市的钟声

阿里巴巴在美国IPO成功，于2014年9月14日在纳斯达克正式上市，互联商业便一夜间受到万众瞩目，成为各大媒体、街头巷尾的超级热点。

自此，大家对互联网界的三大旗舰企业BAT（百度、阿里、腾讯）津津乐道，也引发了众多互联网行业的黑马、白马异军突起。在满是颠覆的声音中迎来了世界“工业4.0”革命，与此同时“互联网+”的布局与概念又横空出世。

这些企业成功的案例，引领着“互联网+”突破了技术框架的本来面目，进而从经营概念、商业模式上席卷着每一个行业、每一个领域。

于是，互联网技术与应用，借助“互联网+”概念，一下子上升到了互联网思维。

所谓互联网思维，首先，它是一个衍生的概念。它是把互联网技术与互联网应用扩展成一种新的行业与趋势，也许是市场的需要，也许是经济的需要，也许是政策的需要；其次，它是一个新生的模式。它是打造由“传统互联网”转向“智慧物联网”的“领域互通、应用智能”技术模式，它是包涵了“营销+交易+金融”为一体的商业模式。

因此，互联网技术、应用与思维，有着“领域互通、应用智能、营销+交易+金融、跨界、创新”等特点，它通过“体验、免费”等方式吸引“用户与流量”达到培植市场之目的，它通过跨界实现风马牛不相及的领域互通，进而达到智能化应用，比如智慧城市、物联网，最终它把这种营销模式打造成一种交易平台，实现单体产业或产业集群的增值。

互联网思维众说纷纭

著名管理学大师彼得·德鲁克先生说：一个企业只能在企业家的思维空间之内成长，一个企业的成长被其经营者所能达到的思维空间所限制！

2014年，互联网思维变为最热门的词汇，很多人言必称“互联网思维”，从互联网大佬到90后新潮创业者，卖煎饼果子的、卖牛腩的、卖读后感的都高喊互联网思维了。

微博上曾流传这样一个段子：互联网思维后，化缘改叫众筹了，算命的改叫分析师了，八卦小报改叫自媒体了，统计改叫大数据，做耳机的改叫可穿戴设备了，IDC（互联网数据中心）也改叫云计算了，办公室出租改叫孵化器了，借钱给朋友改叫天使投资了……

“互联网思维”这个词是百度李彦宏先生首次提到的，他说，企业家们今后要有互联网思维，可能做的事情不是互联网，但思维方式要逐渐像互联网的方式去想问题。从此以后，这个词语开始在中国企业界盛行。

互联网的本质是什么？互联网思维到底是什么？仁者见仁，智者见智，各行各业就互联网思维进行了诸多思辨。

很多企业家认为互联网只是一种技术与工具，就像瓦特发明的蒸汽机、贝尔发明的电话、IBM的PC电脑一样，是一种技术革命，带来的是生产力的提升，改变了生产关系，提升了生产效率，降低了生产管理成本。

小米公司是互联网思维最突出的代表，雷军提出互联网思维就是一种用户思维、产品思维，本质上就是传统产业做到极致的一种看法，用户思维本质上就是群众路线。雷军对互联网思维定义是：“专注、极致、口碑、快”，其实很多传统企业也是遵循这些理念经营的。例如创建于1669年的北京同仁堂，始终恪守“炮制虽繁必不敢省人工，品味虽贵必不敢减物力”的古训，树立“修合无人见，存心有天知”的经营质量理念，300年来在中医制药上（专注）追求精益求精，其产品“配方独特、选料上乘（极致）、工艺精湛（极致）、疗效显著（快）”而享誉海内外（口碑）。

国内另外一位赫赫有名的互联网大佬“红衣教主”周鸿祎，在其著作《我的互联网方法论》中阐述了四个关键词：“用户至上，体验为王，免费模式，颠覆式创新。”他提出：“用户是互联网商业模式的基础，要想建立一个有效的商业模式，就一定要有海量的用户基数。超于预期的才叫用户体验，体验需要追求极致，免费是互联网free精神的体现，是一种商业模式，也是一种颠覆性的力量。颠覆性创新都是从细节入手，需要逆向思维，颠覆的力量大多数来自边缘……”等观点，传授大家更实用、更接地气的方法论。

马云说：“如果你把互联网当思想看，你自然而然会把你的组织、产品、文化都带进去，你要彻底重新思考你的公司。今天很多人都说网上营销好，但是营销好了，麻烦也就开始了，你整个组织、人才、思考、战略都要进行调整。你以为是你的胃口太好，但换一只胃，你的肝也出问题，脾也出问题，因为所有内部的体系是连在一起的。这世界没有传统的企业，只有传统的思想。互联网不仅仅是一种技术，不仅仅是一种产业，是一种思想，是一种价值观。” 马云对互联网思维的阐释涵盖了道术器三层，更是提升到哲学层面。

互联网时代的五个阶段论

关于互联网在企业经营管理中的应用，万科掌门人王石先生认为：淘汰你的不是互联网，而是你不接受互联网，是你不把互联网当成工具跟你的行业结合起来。最终淘汰你的还是你的同行，他们接受了互联网，把互联网跟自己做的事情结合起来，淘汰了你。

互联网技术、应用与思维的发展，大概经历了五个阶段，即新传媒新渠道阶段、微创新阶段、产业链整合再造阶段、颠覆性创新阶段、生态体系阶段，如图4–1所示。

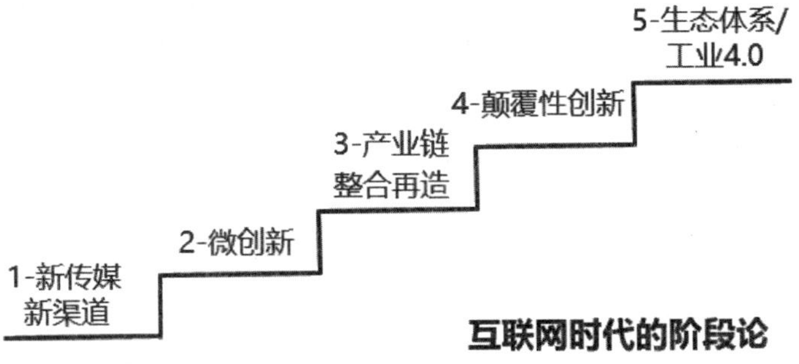

图4–1 互联网时代的五个阶段论

- **第一个阶段：新媒体新渠道**

这个阶段很多企业还是遵循传统的4P4C（见图4–2）等营销理论，常见的行为有做SEO、SEM等提高企业产品知名度；开设企业微博、微信企业号来发布新闻提高关注度和危机公关；投放网络广告提升品牌影响力等。

还有很多企业在产品（product）、价格（price）不变的情况下，保持原有的消费者（consumer）定位、成本（cost）、便利（convenience）不变，只是把互联网作为战术营销计划中的渠道（place）和促销（promotion）、沟通（communication）工具，只是把线下的业务简单地搬到线上去，创新的产品与服务比较少，有的企业甚至把电商网站作为清库存的渠道。

这个阶段的特征是企业互联网业务与线下实体业务存在竞争合作关系，甚至出现线下业务和线上业务左右互搏的现象。

以服装行业为例，某传统服饰品牌M公司，2010年库存高达25亿人民币，于是上线网购电商平台，电商店、直营店、加盟店在产品款式、折扣、促销活动上不统一，各方利益冲突激烈；人才配置、仓储物流、网络营销、产品创新方面存在不匹配，最终以耗资6000万元黯然收场。2013年启动O2O战略，建设生活体验店，店里设有书吧、咖啡吧、花园露台，免费wifi，提升消费者体验，打造情景式购物，但是收效没有提高多少，业绩不如人意。2015年开发App（定位基于移动智能时尚体验平台），并签约众多国外品牌，通过用户分享导购分成。虽然一直在努力，一直在转型，但是"+互联网"不成功反而拖累了这个公司的业绩。

对互联网思维认识的局限性，企业管理运营沿用老的方法体系，导致传统服饰品牌冲到互联网上做电商成功的寥寥无几。

- **第二个阶段：微创新**

这个阶段企业一般会聚焦在产品创新、内容创新、体验创新、营销创新等方面，采用互联网经济的长尾理论、互联网营销新4C（见图4-2）理论。

长尾理论主要定位尾部20%的利基市场，从需求方入手，采取差异化的战略，满足个性化的需求。

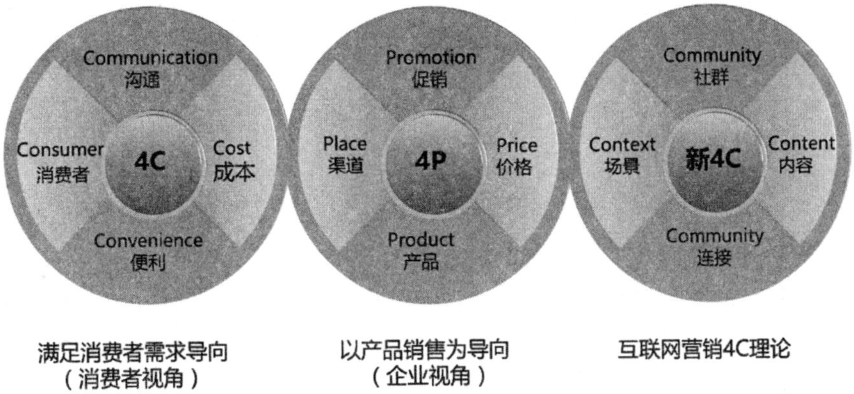

图4-2 4P4C营销理论

“55° 杯”就是长尾理论指导下产品创新的典型案例。

“55° 杯”创意来源于洛可可集团创始人贾伟，他的女儿在2岁的时候不小心被开水所烫，孩子撕心裂肺的痛哭、痛苦的手术治疗、漫长的康复疗养过程让贾伟深深自责。据国家卫生部统计，中国每年至少有14万儿童被烫伤烧伤，每年的数量还在增长，如何避免这些悲剧？是否可以将开水瞬间变成温水？ “55° 杯”做到了，100℃的开水倒入杯中，摇一摇（约1分钟），快速降温至人体可饮用的55℃左右温水。这款充满父爱的产品，一上市就引起巨大的关注和反响，销售量惊人。“55° 杯”在生活中有众多的应用场景：半夜要喝点水、病人着急喝药、孩子着急喝奶、女性生理期需要一杯温水等，“55° 杯”瞬间即可满足这些人群的需求，“55° 杯”成功开创了一款水杯的新品类“快速降温杯”，聚焦这个利基市场，成为一款供不应求的爆品。

“在适合的场景（Context）下，针对特定的社群（Community），通过有传播力的内容（Content）或话题，通过社群网络中人与人的连接（Connection）的裂变实现快速扩散与传播，从而获得有效的传播及价值。”——唐兴通《移动互联网时代的新4C法则》，如图4-2所示：

社群营销采用的就是互联网营销4C理论，最近火爆的网红直播验证了新4C理论的威力。

性感女神柳岩胸美人甜，走到哪里都能吸引所有男士的目光，男明星们也不例外。2016年6月2日某网站直播的VR专区正式上线，柳岩成为首个用VR直播真人秀的明星（场景），针对粉丝的好奇心、娱乐、窥视欲等心理需求（社群），直播为柳岩定制了寻“男神”游戏（内容）；柳岩还换装成为按摩师给程序员按摩，柳岩换装时吐槽“衣服好大，穿起来好热”，但依旧听话地换好衣服，边教员工唱歌边卖力按摩（内容），按摩过程做了VR直播，观看的网友仿佛置身现场（连接），非常羡慕被女神按摩的程序员。柳岩的性感爆棚，VR直播非常接地气，粉丝打赏无数，直播30分钟内关注的粉丝超过400万人，直播的两小时内600万人同时在线互动，累计有2000万人围观，远远超过最热门的影视剧的收视率。

- **第三个阶段：产业链整合再造**

这个阶段一般采用平台战略、多边市场、集约理论，追求的是更快、更好、更便宜，基本上是存量业务的物理叠加和改善优化，很多企业基于横向或者纵向的行业价值链，分析其中刚需、痛点、高频的部分，整合优化产品、服务、金融等企业内外部经营要素，通过电商平台大大降低交易成本，提高交易效率，提升用户体验，并在规模化交易的基础上，提供更多衍生的增值服务，带给平台用户更多的价值，因此平台获得更多的收益，很多行业B2B电商网站基本上是采用平台战略来规划设计运营的。

由美国哈佛商学院著名战略学家迈克尔·波特提出的“价值链分析法”，如图4–3所示。

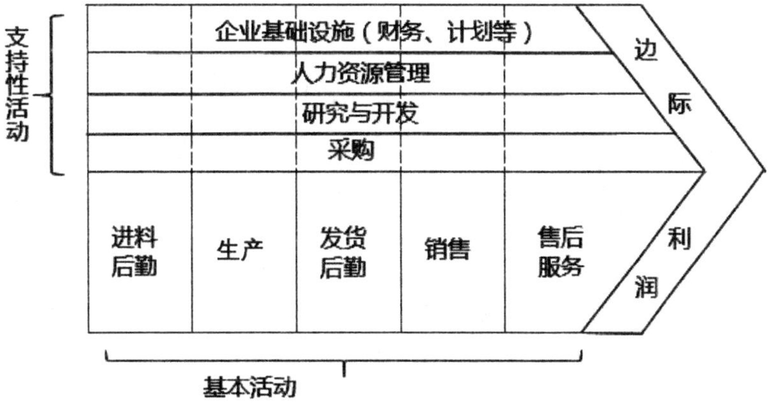

图4-3　波特价值链

波特的价值链分析法，把企业内外价值增加的活动分为基本活动和支持性活动，基本活动涉及企业生产、销售、进料后勤、发货后勤、售后服务。支持性活动涉及人事、财务、计划、研究与开发、采购等，基本活动和支持性活动构成了企业的价值链。不同的企业参与的价值活动中，并不是每个环节都创造价值，实际上只有某些特定的价值活动才真正创造价值，这些真正创造价值的经营活动，就是价值链上的“战略环节”。企业的优势既可以来源于价值活动所涉及的市场范围的调整，也可来源于企业间协调或合用价值链所带来的最优化效益。

例如一个茶杯，原材料供应商加价15%给高岭土工厂，工厂做成茶杯成品后核算成本加价30%给品牌商，品牌商分销到各级代理商，层层加价，最后到消费者手里，所以产业链的总体价值=总体成本+总体回报。

平台战略的竞争优势在哪里？他改变了产业或者行业的价值链。

以某货运拖车平台的运营案例，某沿海大省一年共出4000万个集装箱，拖车费约是人民币400亿，省内约有1.4万台拖车，约2万名司机，服务5万家外贸企业。如果拖车公司为了竞争打价格战，你1000元，我900元，他850元，结果是利润越来越少。成本结构是这样的，如果工厂老板付1200元的拖车费，那么分到拖车司机手里约700元（含400元的油费），中间业务员/货代公司/拖车公司老板吃掉了500元。

平台战略怎么玩，首先干掉中间层，报价1000元，给司机900元，每单收取10%的提成。联手保险公司设立运输保险产品保每一次拖车的货物安全，拖车买保险、健康险返点，办理加油VIP，签约中石油、中石化返点，车身广告分成，拖车金融租赁，融资服务，银行理财产品承销返点，流量广告费收入，4S店维修保养返点。最重要是结算资金沉淀在平台上，每周结算。10%的市场份额就是40亿人民币资金结算，支持拖车金融租赁，融资服务做供应链金融，保守的买银行7天理财产品。

羊毛出在狗身上，猪来买单。道理就是这样。

- **第四个阶段：颠覆式创新**

颠覆式创新是创造新需求，提供给用户新的价值，产生新的商业模式，新的行业价值链。

颠覆式创新好似化学反应，创造的是增量，很多时候来自于跨界竞争，来自于边缘地带。

iPod、iPhone、360杀毒软件、红领集团C2M、支付宝、余额宝、微信等都是颠覆式创新代表。

苹果手机，无中生有，智能手机结束了以诺基亚为主的功能手机时代，形成APP平台，形成苹果闭环的生态圈，Google也是如此。

周鸿祎在《我的互联网方法论》中提到："商业史上对市场格局的颠覆，绝大多数是商业模式上的创新和用户体验上的创新，而不是像发明了可口可乐的那样的秘方，或者像做出了电灯轰动世界，颠覆市场。"

免费的360杀毒软件，创造了一种杀毒软件的新收入模式，是一种商业模式的创新。360杀毒软件同时在用户体验上追求简单、好用、有效，从而颠覆了收费的传统杀毒软件市场，在此基础上360推广了安全浏览器，获得了好几亿用户和巨大的流量，平台获得了规模收入。

支付宝是一种颠覆式创新，无中生有，解决符合中国国情的电商结算与信用机制，从而形成蚂蚁金服的互联网金融小生态圈。

余额宝也是一种颠覆式的创新，它首先降低了基金投资的门槛，提升了用户体验，使得基金理财变得简单、方便、直观、高效。余额宝本质是一种货币基金，把支付宝里的闲置资金转入余额宝即购买了由天弘基金提供的货币基金，不仅每天可以获得一定的基金收益，而且和银行活期存款利息相比收益更高。余额宝搭建在阿里电商平台上，实现了现金管理、理财增值、转账提现、消费购物等众多功能，成为电商平台上一种新的理财工具，连接支付宝成为互联网金融的新业态。

微信的诞生，最早颠覆的是彩信、短信、语音服务，这也是中国三大通讯运营商未曾想到的，颠覆他们的竟然是互联网公司的一款社交产品，当下的微信，已是中国移动互联时代的第一产品，有望比肩Facebook成为全球化的移动互联平台。

- **第五个阶段：生态体系阶段**

生态系统的概念是由英国生态学家坦斯利（A.G.Tansley，1871—1955）在1935年提出来的，指在一定的空间和时间范围内，在各种生物之间以及生物群落与其无机环境之间，通过能量流动和物质循环而相互作用的一个统一整体。随着对生态系统及社会组织结构认识的不断深入，人们发现，人类社会的组织、运转和生物学意义上的生态系统极为类似，并将“生态系统”这一概念大量引入到社会科学领域。1993年，美国著名经济学家穆尔（Moore）在《哈佛商业评论》上首次提出了“商业生态系统”概念。

所谓商业生态系统，是指以组织和个人（商业世界中的有机体）的相互作用为基础的经济联合体。是供应商、生产商、销售商、市场中介、投资商、政府、消费者等以生产商品和提供服务为中心组成的群体。它们在一个商业生态系统中担当着不同的功能，各司其职，但又形成互赖、互依、共生的生态系统。在这一商业生态系统中，虽有不同的利益驱动，但身在其中的组织和个人互利共存、资源共享，注重社会、经济、环境综合效益，共同维持系统的延续和发展。

在商业领域，生态体系已经成为一种战略发展模式，一种运营管理思维。阿里、腾讯、Google、 Apple 四大代表互联网界四大生态体系。

在国内BAT三巨头中，马化腾爱讲连接，李彦宏爱讲技术，马云爱讲生态，马云讲到阿里生态体系由五个部分组成：一是信用体系，二是金融体系，三是大社会物流体系，四是中小企业工作平台，五是大数据系统。

阿里是国内布局的生态体互联网系最为复杂的，仅以阿里2015年启动的DT商业服务生态体系为例（下文摘自于阿里巴巴商业服务生态报告〔2016〕）：

基于新商业基础设施，生产者、商家、消费者与众多商业服务机构共享、共建、共生，不断发展、进化、繁荣全新的商业生态。

DT商业服务生态体系，是在传统的工农业基础设施、通信网络基础设施上逐步发展成长起来的，目前自下而上可分为“DT基础设施层”、“DT开放层”、“服务市场层”、“综合商务层”、“垂直产品&服务层”等五个层面。最终，为小微企业、消费者、自由连接体等“产消者”提供全面、高效的产品和服务。

- DT基础设施层，既包括偏“硬”的“云计算”，提供计算、存储、解决方案、网络安全等方面服务；也包括偏“软”的“共享平台”，提供大数据共享、搜索等基础技术共享等方面的服务。他们共同组成了商业社会的新底层商业基础设施。

● DT开放层，通过提供“数据开放平台”、“应用程序统一接口开放平台”、“托管运行环境开放平台”等基于算法、数据的开放平台，能够帮助商业社会中的各类角色更便捷、更低成本、更低技术门槛地接入全新商业基础设施，通过开放平台的接入实现跨越式发展。

● 服务市场层，聚焦于商业服务，已初步形成“经营管理服务市场”、“产能对接服务市场”、“金融服务市场”、“物流仓储服务市场”等多个领域的专业级服务市场平台，极大的为商家开展商业经营活动解决了后顾之忧。目前，“to B类”商业服务种类和规模都处在爆发式增长期，中国在该领域有望引领全球。

● 综合商务层，由集成了PC、移动等多端的“统一商家工作台”，以及“信息交互平台”、“商务交易平台”、“实时沟通协作平台”、“精准营销平台”等多个功能性平台协同组成，能够为从事批发零售等行业的各类商家提供最领先的营销、互动、交易、社交的平台和海量工具，帮助商家更有效地开展经营活动。

● 垂直产品&服务层，由诸多细分市场、类目、平台组成，更加贴近消费者工作、生活、使用习惯。由于对接了全新的底层商业基础设施，相关领域的创业者能够集中精力在各自细分领域更好的为最终消费者提供产品和服务，全面提升消费者体验。

总体而言，正是由于有了全系统的DT的商业服务生态，商业活动中的各类服务能够更加全面充分，每个生产者和消费者都可以更加自由、自主地发挥自身天赋和优势。托夫勒预言的“产消者”正在成为现实。

值得注意的是，DT时代的商业生态与传统的商业生态，不管在形态上，还是深层次逻辑上均展现出了极大的不同，因此相关商业规则和制度也必须快速调整，才能适应新经济的发展。我们看到，随着DT基础设施的逐渐完善，网络商业规则与整个商业生态更加贴近，因此它保持了快速迭代、快速发展，规则的确立也已经在大量使用新技术工具和新基础设施，保证了规则与商业的协调发展。

仅仅在垂直服务层面，阿里就布局了一个庞大无比的生态体系，包含文化、体育、汽车、旅行、医药、健康等上市公司和知名企业，令人眼花缭乱。

未来是人工智能和万物互联的后互联网时代，一大批生态体系的企业如果落后于技术变革，不可能大而不倒。

第二部分

互联，不只是技术手段与工具

第五章
互联打破行业壁垒

根深蒂固的行业壁垒，突然被互联网这个技术、应用与思维浪潮所击破，这意味着一个翻天覆地的经济实体洗牌、商业模式创新时代已然到来。

就是要动你的奶酪

出租车业务，本来带有政策许可性、行业垄断性，数十年不变。

但以科技为支撑的移动互联网，另辟蹊径地打破了出租车行业的壁垒，以滴滴、Uber等为代表的网约车一站式出行平台，涵盖了出租车、专车、快车、顺风车、代驾及大巴等多项业务。

于是，打车软件与平台，动了出租车行业的奶酪。

若干年前，阿里巴巴的创始人马云先生曾说：银行不改变，我们就改变银行，银行不能做的事情我们来做。这是何等疯狂的豪言，银行的头上也敢动土！

当支付宝成功推出，能够提供支付及理财服务，包括网购担保交易、网络支付、转账、信用卡还款、手机充值、水电煤缴费、个人理财等多个领域， 在进入移动支付领域后，为零售百货、电影院线、连锁商超和出租车等多个行业提供服务，还推出了余额宝等理财服务。此时，它这个隐形的民间“银行”受到大众追捧。

受支付宝成功路线的诱惑与影响，国内上千家P2P金融企业如雨后春笋般拔地而起。所谓P2P金融就是互联网金融中的点对点服务，P2P金融指不同的网络节点之间的小额借贷交易（一般指个人），它借助电子商务专业网络平台为借贷双方确立借贷关系并完成相关交易手续。借款者可自行发布借款信息，包括金额、利息、还款方式和时间，自行决定借出金额，实现自助式借款。

2015年全国P2P网贷成交额突破万亿，达到11 805.65亿，同比增长258.62%；历史累计成交额16 312.15亿元。

于是，支付宝和P2P等互联网支付、理财、借贷产品与平台动了银行的奶酪。

千百年来，经商的总要有个店面，弄个店面就必须与一系列的工商、税务等政务系统打交道，否则做生意便名不正、言不顺，随时可以来一个“查！”。

自从近几年移动互联网技术与应用成熟之后，电商向实体经商发起了冲击，2015年阿里巴巴光在“双11”活动全天的交易额就突破900亿元。

于是，电商动了实体经销商、工商、税务等环节的奶酪。

曾经行业壁垒重重

行业，一般是指按生产同类产品、或具有相同工艺过程、或提供同类劳动服务划分出来的经济活动类别。

于是所有企业被划分到信息技术、交通运输、文化教育、医疗卫生、科学研究、批发零售、农林牧渔、金融、电力、水利、环境、餐饮、酒店、服装、制造、机械、采矿、建筑、房产等行业。

行业的划分，有意无意地炮制出诸多方面的壁垒，比如利益壁垒、技术壁垒、资金壁垒、市场壁垒、政策壁垒、信息壁垒等，如图5-1所示。

利益壁垒：这是某些行业为了保护其独享巨大利益而设置的排他性壁垒，这是所有行业壁垒中最为敏感与核心的，如通讯、交通、水电、矿产、房产等行业，实施的垄断、买断、结盟、勾结、暗箱等非市场、非公平的排他措施。

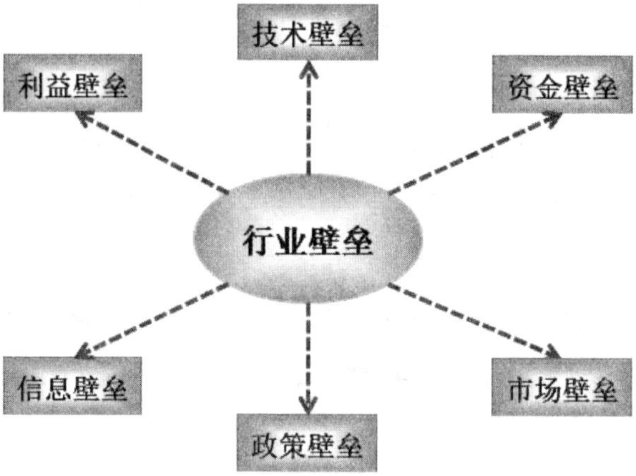

图5-1 行业壁垒分析

- **技术壁垒：**这是某些带有特殊技术含量、难度的壁垒，主要是从事尖端科技、专业技术类的行业，由于技术门槛，不是随便什么企业都可以进入这些行业，比如华为正在进入技术创新的无人区，这就是典型的技术壁垒，不是谁都可以具备这些技术而进入无人区领域探索。

- **资金壁垒：**这是某些行业对投入资金、资源等方面的数量、实力、后盾所形成的壁垒，比如现在万夫所指的房地产行业、金融行业对巨额资金需求，以及背后各种隐形实力角逐，就是构成这种壁垒的高墙。

- **市场壁垒：**这是某些行业对应的市场容量、地域、习惯、时机等因素形成的排他性壁垒，比如渠道、代理、经销、特许、区域等市场策略与机制，就是市场壁垒的始作俑者。

- **政策壁垒：**这是由国家、地方各种政策、机制形成的政策性壁垒。比如烟草、医疗、交通、教育等行业的特许、专营、垄断、补贴等政策性壁垒。

- **信息壁垒：**这是某些行业内部信息对外部的相对性封闭而形成

的保护性壁垒，比如金融行业的信息，只有行业内较清楚，对非此行业内的成员来说，它几乎就是一个巨大的信息暗箱。

以上各种壁垒，不是孤立存在的，它们之间互相交错，形成森严、牢固、稳定的壁垒网，破其一难破其二，于是形成了“行业内的企业难以走出去，行业外的企业难以走进来”的状况，进而形成进入、退出、流通、选择、开放、竞争等方面的行业壁垒。

如今行业壁垒脆弱

在互联网技术、应用与思维大行其道的时代，基于各行各业的信息互通与共享，业务互联与渗透，以及商业运作与盈利模式的不断创新、颠覆，行业之间的利益、技术、资金、市场、政策、信息等壁垒逐步被打破。

特别是在“互联网+”、“+互联网”等概念的引导下，行业的划分将变得越来越模糊，在企业界不断发生着“你的地盘我作主，强龙敢压地头蛇”的精彩故事。

- 利益壁垒，将被渗透、跨界、重组、抱团、生态所击破。
- 技术壁垒，将被人才流动、创新、颠覆、创业、资本所击破。
- 资金壁垒，将被货币、借贷、众筹、投融资、金融政策、泡沫转移所击破。
- 市场壁垒，将被用户喜好、消费潮流、商业模式所击破。
- 政策壁垒，将被技术、平台、改革、市场所击破。
- 信息壁垒，将被网络、智能、移动应用所击破。

打车软件与平台，动了出租车行业的奶酪。

支付宝与P2P等互联网支付、理财、借贷产品与平台动了银行的奶酪。

电商动了实体门店经销商、工商与税务等职能单位等的奶酪。

这种打破行业壁垒的趋势，将越演越烈，“要动你的奶酪”，这只是开始，而不是结束。

第六章
互联加速产业重组

互联意味着打通，打通意味着重构，重构就是让产业链条之DNA发生变异，进而重组出新的“章鱼式”跨界产业巨头。

因此，打破行业壁垒之目的就是为了形成更加牢固的产业壁垒，这就是“互联网浪潮”的终极使命与真实面目。

腾讯不只是“连接一切”

互联网界的巨头企业腾讯公司，起家于QQ系列的社交和通信服务，逐步发展到互动娱乐（腾讯游戏、腾讯文学、腾讯动漫、腾讯影视、QQ音乐）、网络媒体（腾讯网、腾讯视频、腾讯微博、腾讯微视）、移动互联网（腾讯电脑管理、腾讯手机管理、QQ浏览器、腾讯地图、应用宝、腾讯云）以及微信、财付通、腾讯产业共赢基金等业务。

通过互联网服务提升人类生活品质是腾讯的使命。目前，腾讯把“连接一切”作为战略目标，提供社交平台与数字内容两项核心服务。通过即时通信工具QQ、移动社交和通信服务微信和WeChat、门户网站腾讯网（QQ.com）、腾讯游戏、社交网络平台QQ空间等中国领先的网络平台，满足互联网用户沟通、资讯、娱乐和金融等方面的需求。

上述只是腾讯公司已经对外公开提供的服务与信息。然而，腾讯作为中国最大的互联网综合服务提供商之一，中国服务用户最多的互联网企业之一，难道仅仅是“连接一切”吗?

相信腾讯早已布好了局外之局，他们不是只“连接一切”的互联网公司，而是一家正在进军、搅局、蚕食、重组其他行业与产业的幕后“大哥”。

互联互通级的深度应用

产业，是具有某种同类属性经济活动的集合或系统。

产业链，是产业经济学中的一个概念，是各个产业实体之间基于一定的经济关联，并依据特定的逻辑关系和时空布局关系客观形成的链条式关联关系形态。

在互联网技术、应用与思维盛行的时代，各大产业均在发生翻天覆地的变化，就是互联网本身，也在“互联网+”潮流中，不再是传统的互联网产业，而衍化成集互联网技术、平台与生产、制造等实体经济，以及企业端、客户端、市场端的综合式产业链，如图6-1所示。

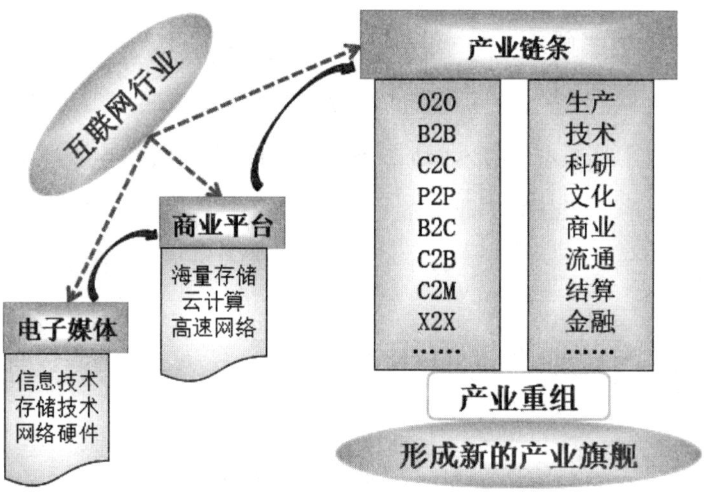

图6-1　互联加速产业重组

互联网行业，最开始被定位于电子媒体，然后发展为商业交易平台。但不管是电子媒体，还是商业平台，它们都属于网络技术领域的行业，还不是一类产业。

随着最近几年“互联网+”、“+互联网”等互联网技术与应用衍生出来让人耳目一新的业务形态后，互联网行业快速地成为了当前最为引人注目的新兴产业。

互联网产业的形成，经历了电子媒体、商业平台、产业链条几个阶段。

- **电子媒体阶段：**互联网起始于电子网站门户，当时主要依托于计算机的信息技术、存储技术与互联网络。此时互联网行业的特点只是信息推送与互动，电子邮件往来与处理，电子广告与宣传。

- **商业平台阶段：**当计算机的海量存储、云计算以及光纤、无线等高速网络成熟以后，在互联网上进行直接的业务交易便成了趋势。此时的互联网行业，主要是建立商业交易平台，比如亚马逊、京东、淘宝等电商平台。

- **产业链条阶段：**当“BAT”在互联网领域取得举世瞩目的成就后，在“互联网+”、“+互联网”等政策与概念的推动下，互联网行业早已跳出了其原本的技术领域，而渗透到触类旁通的各个行业、各个领域，进而形成了新的产业链条。

X2X引领产业重组高潮

借力互联网行业，正在形成各种新的产业集群。而最早的，就是“X2X”。

所谓“X2X”，就是这些年无比流行的“O2O、B2B、C2C、P2P、B2C、C2B、C2M、D2M、D2C”等，“O”代表线上线下、“B”代表企业、“C”代表用户、“P”代表个人、“M”代表工厂、“D”代表设计、“2”代表它们相互间的业务与转换关系。

“X”只是上述各种端点的通称，未来还将不断衍生出新的业务关系与模式。

在上述“X2X”业务模式下，原来具有典型或生产、或技术、或科研、或文化、或商业、或流通、或结算、或金融等单领域与业务的各类企业，都在向混搭式、综合式领域与业务的方向布局与重组，不管是原来的互联网行业还是其他行业，都在紧锣密鼓地试图重组为“互联网+”、“+互联网”后的新产业旗舰。

这波借势于互联网的产业重组，就是打破现行的行业壁垒，形成新的产业链条。

- 从市场层面，对品牌、渠道、营销、客户等进行重组。
- 从产品层面，对研发、生产、订单、配送、流通、服务、交易等进行重组。
- 从运作层面，对整个企业的定位、发展、投融资、资源调配、盈利模式、立体合作等进行重组。

因此，腾讯不只是“连接一切”，360不只是网络安全，阿里不只是电商，无数企业都将被这波互联网之势卷入产业重组的浪潮。

第七章

互联驱动商业融合

商业的本质就是价值变现。

商业生态圈的构建，就是把经济实体中的上下游供应链、横纵向产业链引向立体价值链。曾经被割裂的、相互竞争的各种商业领域、资源、模式与活动，将被融合成为新的共生、平衡、良性商业生态圈，当前热门的互联技术、应用与思维为此商业生态圈构建提供了可行性的条件与保障。

“度娘”不甘寂寞做外卖

功夫不负有心人，百度外卖经过两年多的发展，已然成为白领外卖这一中高端市场的NO.1，甚至在白领用户群中成了外卖的代名词。那么，百度外卖是如何攻坚和占领白领外卖这一中高端市场的呢?

这个问题可以分几个维度来加以分析。首先是在物流上，百度外卖铸就了制胜中高端市场的核心竞争力。外卖，首先就是一个“外”字，其区别于堂食，更讲究配送的效率。尤其是对于白领这一中高端用户群体而言，他们的时间更加宝贵，尤其是在午间用餐高峰时段，对白领们来说其时间不是按小时算的，而是按分钟算的。因此，能否准时送达成为外卖平台能否赢得白领群认可的关键所在。

对此，百度外卖依托百度在大数据、人工智能、深度学习等方面的技术优势，不仅建设了高效的物流调度系统，而且能准确预估餐厅出餐时间，由系统管理调度和规划骑士骑行路线，最终做到了远超同行的高准时率。百度外卖负责人表示：百度外卖现在平均每单送达时间32分钟是动态的，准时率在98.78%，也就是说每天有98.78%的单子都是在对用户承诺时间正负15分钟之内送到的。可以说，这区区15分钟背后是百度技术优势的坚持和百度外卖勇于创新的坚持，而98.78%这一超高准时率的背后，也意味着用户体验和整体满意度的大幅提升。

商业的本质就是价值变现

作为国内首屈一指的互联网旗舰企业，作为一家掌握互联网核心技术的领头羊。百度竟然干起外卖这种貌似毫无技术含量的商业活动，一时让业内大跌眼镜。

商业，学术的定义是指以货币为媒介进行交换，从而实现商品流通与交易的经济活动。但通俗地解读，商业的本质，就是价值与变现，百度是一家企业，那么它的商业目的自然离不开价值与变现，只是它的价值变现跨度有些大而已。

过去的经济活动与商业行为，都带有明显的“井水不犯河水”之潜意识。未来的经济活动与商业行为，随着互联网技术、应用与思维深入地影响到各行各业，各企业将不断发现、挖掘与实现混合价值的最大化，也就是以商业价值与变现为目的，不断地、大幅度地、跨界地进行“井水可犯河水、河水可犯井水”。

因此，类似“度娘”这种跨界做外卖的商业行为，就是充分利用了百度强大的大数据、人工智能、深度学习、物流调度、百度地图与定位等颇具价值的技术、信息、数据与平台，然后把这些价值通过外卖这种业务进行变现，在互联网时代将层出不穷。

商业的本质就是价值与变现，这种赤裸裸的商业交易与目的，在互联网时代将表现得淋漓尽致，它带来了新一轮的商业模式创新与颠覆，也带来了唯利是图、无孔不钻的社会与人性问题。正所谓魔鬼与上帝同行，这股强大的商业融合浪潮也将在利益、规则、人性、社会等方面的审视、洗礼中接受时间的检验。

从价值变现到商业大融合

既然商业的本质就是价值与变现，围绕价值与变现，互联网技术、应用与思维将驱动各种本来被割裂的经济元素、活动，融合到一些新的商业模式与行为中，如图7-1所示。

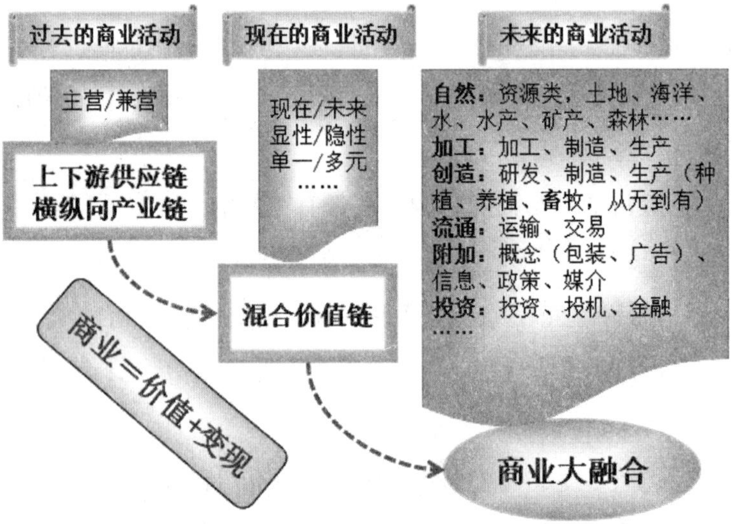

图7-1　互联驱动商业融合

随着社会、时代与经济环境的变迁，过去、现在、未来的商业活动有着不同的特点。

- **过去的商业活动**：过去的商业活动主要体现为主营与兼营，即主要的经营范围与兼顾的经营领域，它所涉及的经济活动，就是在主营与兼营范围相关联的上、下游资源供、需的供应链，以及与它们相关的横纵向或竞争、或合作的产业链之间发生的经济关系与活动。

● **现在的商业活动**：现在的商业活动突破了主营与兼营，而是包括了现在的（即现在可以进行价值变现的主营、兼营产品与服务）、未来的（即为未来打基础的产品与服务），显性的（即光明正大、广而告之的产品与服务）、隐性的（即暂时对外保密，或者暗渡陈仓的产品与服务）、单一的（即某一种或某一类产品与服务）、多元的（即多种完全不相关的产品与服务）等综合、繁杂的混合价值链之间发生的经济关系与活动。

● **未来的商业活动**：未来的商业活动是在混合价值链的基础上，未来将全方面地整合各类商业资源，以求价值变现最大化，这即是商业大融合。商业大融合包括两大主要元素，就是原始价值与价值变现。

在商业价值变现活动中，所谓原始价值，主要指开采现成的自然资源、对现成物品进行加工、把没有的变成有的三大类。

◇ 开采现成的自然资源：比如土地、海洋、水、水产、矿产、森林等大自然给予的原始资源。

◇ 对现成物品进行加工：比如通过对现成的物品进行简单加工、制造、生产而增加的价值。

◇ 把没有的变成有的：比如通过研发、制造（较复杂）、生产（种植、养殖）把没有的东西变为有的而产生的价值。

在商业价值变现活动中，所谓价值变现，主要指对商品进行宣传、让商品进行交易、施行投资与投机三大类。

◇ 对商品进行宣传：比如通过概念包装与广告宣传，附上信息、政策炒作等，这为产品与服务增加了额外价值。

◇ 让商品进行交易：比如在商业交易过程中，因为运输、流通、交易环节而增加的成本价值。

◇ 施行投资与投机：比如通过投资、投机等金融手段而扩大的经济价值。

新的商业大融合一旦形成，它打破了旧的行业壁垒，重组了既定的产业格局，就是为了形成新的商业壁垒，而这个新的壁垒将比旧的壁垒更加牢不可破。

第八章

互联促使领域跨界

旧的行业壁垒已被打破，新的产业旗舰正在形成，围绕价值变现为核心的商业生态圈已初见端倪。

在企业经营与管理领域，互联网思维之浪潮同样在推波助澜，曾经被结构化细分的各种管理领域、专业，将变得越来越模糊，随之而来的就是跨界的经营与管理思想、方法、知识、能力、行为与实践。

研发总监跨界奢侈品营销

在推崇“网红”的年代，总有一些令人想不到的事情会被广为传播。

胡先生是位典型的IT男，在IT界深耕了十多年，已是一家知名互联网企业的研发总监。

最近在网络视频中看到他竟然频频出现在商场、地铁、写字楼、住宅区等人群密集的地方推销女性化妆品，让众人大跌眼镜。

网络主播问胡先生：“你作为IT界资深研发总监，怎么会转行去做风马牛不相及的女性化妆品推销呢？”

胡先生回答：“在互联网时代，没有什么是风马牛不相及的，我们曾经想过在办公室闭门造车就可以研发出客户真正需要的互联网业务平台，但实际上我们想的过于简单了。于是我想走出办公室去体验下与互联网研发毫不相关的领域，在推销女性化妆品过程中，却突然发现，要受到客户的青睐，除了好的产品，还要重视市场定位、商机增值、客户心理等一系列的环节，任何一个环节做得不好，都是导致销售失败的根源。”

网络主播：“哦，明白了！你只是去做体验，而不是真正如传说中的转行了。”

胡先生故作神秘，小声地告诉网络美女主播：“是的，经过这段时间的体验，我发现了一条真理，那就是‘不会推销女性化妆品的研发总监，绝不会是好总监’。”

互联网只是跨界的助推器

在互联网技术、应用与思维的推动下，行业壁垒逐步被打破，产业在加速重组，商业更加融合，于是，各行业、产业、商业间的信息互通、业务互联、数据共享实现空前的巨变与飞跃，如图8-1所示。

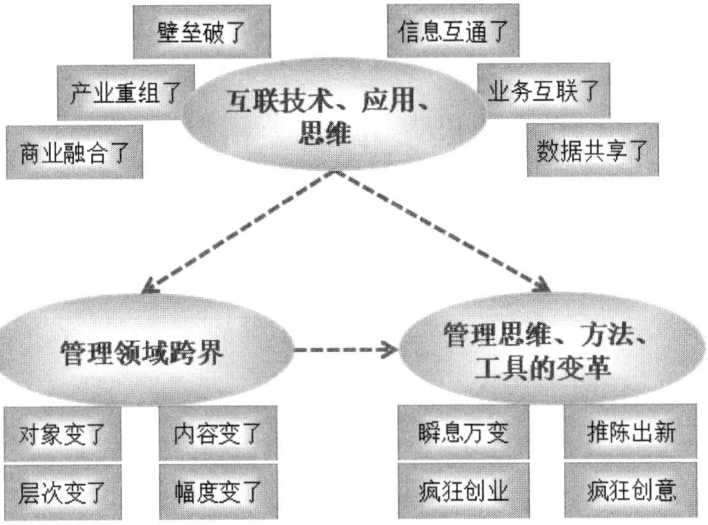

图8-1 互联网的跨界思维

在互联网技术与应用尚不成熟之前，不同产业、行业、企业间的信息相对闭塞，它们的业务交叉与渗透也相对简单，经营与商业数据更是加上了层层保护性的防火墙。这主要是受到互联技术、应用与思维三大因素所左右。

- **技术因素：**由于信息、业务、数据无法实现互联互通，产业、行业、企业间即使有意进行跨界领域的渗透与合作活动，也被这些基础软件性设施形成了难以跨越的障碍。

- **应用因素：**在互联网思维形成并被大众所重视之前，人们对商业活动的视角主要停留在自己企业经营产品与服务所在的行业与产业，潜意识地把其他行业与产业排除在外。

- **思维因素：**在互联网技术、应用与思维成熟与普及以后，也迎来了近几年的“互联网+”、“+互联网”概念，于是在商业活动中，无数大胆的设想与创新，来势汹涌地大有颠覆传统的商业模式之势。

因此，互联网是当今企业在经营与管理领域跨界的助推器。

领域定式才是跨界的破土机

企业的经营领域发生了巨大跨界业务，产生了新的商业生态。

与此相适应，为了满足企业经营发展的内部管理，也加入了跨界的行列。

曾经的企业管理领域，在结构化思维与分类的引导下，把企业管理划分为人力资源管理、财务管理、研发管理、生产管理、质量管理、项目管理、供应链管理、营销管理、战略管理等体系，每个管理体系又可细分为很多板块。于是大多数管理者们便深深地陷入了这种人为结构化的管理领域，进而形成了管理思维的定式，即只是掌握、钻研某个领域的管理理念、体系与方法，而无法从企业经营角度的全方位视角看待、分析、解决企业管理中的事务。

我们很多年前就提出需要重视挖掘、培养与使用复合型人才，其中复合型人才的特点之一就是知识、能力与经验的跨界。

然而，当我们在面试人才时，或者进行工作交流时，总习惯性地问：“你最熟悉或者最擅长哪一个领域或板块？”

这句让人无比熟悉的话，足已说明我们在企业管理过程中，从管理思维上就存在典型的本位主义“领域定式”。要改变这种领域定式，就必需面对并接受管理跨界与变革的挑战。

- **管理跨界：**随着行业壁垒逐步被打破，产业加速重组，商业不断整合融合，企业管理的对象、内容、层次、幅度等都在发生巨大变化，导致管理领域必需跨越原来的体系与板块界限。

- **管理变革：**在互联网思维的冲击下，各大领域正在发生着疯狂创业，随之而生的就是疯狂创意，面对这些瞬息万变的社会与经济现象，企业管理对应的思维、方法与工具进行跨界式变革，就成为必然的发展趋势。

不立哪来破，不破哪来立。

企业经营与管理由于严重的“领域定式”，让经营管理者的视角与高度受到制约。在互联时代，突破这个“领域定式”又成了经营与管理跨界的破土机。

第三部分

时代，正向传统管理模式逼宫

第九章
向时空模式逼宫

我们生活在一个美好的智能终端时代，曾经说科技改变生活，现在是移动改变工作。

曾经令人向往的SOHO一族，如今比比皆是。SOHO热浪未退，那些如影随行的智能终端悄然而至，于是工作的时空被无限延伸。

今天的科幻就是明天的现实，不久的明天，即便脱离智能终端，仍然可以实现在任何时间、任何空间的畅快办公。

同学会中的插曲

多年未见的同学，好不容易在某高档餐厅的VIP房相聚一堂，大家几许热情，又几许矜持。餐桌上，大家互相问候、互相寒暄、互相恭维，也互相打探着。

正值热闹时，小王拿起手机退到包房一角。

众同学对他吆喝："小王，别躲到角落，快过来喝酒。"

小王说："不好意思，我正在处理一些公司业务。"为了在老同学面前证明自己是真的在忙，他把手机拿给大家看，确实是在一个移动端办工平台处理工作事务。小王还半埋怨到："自从移动办公普及了，我们就再也没有自己的私人时间，随时随地都被公司在追魂。"

大家笑着说："这年头，随身带的智能手机简直就成了追命鬼。"

于是小李提议，为了不让大家被手机干扰，统一关机。

没过几分钟，VIP房本已关着的电视突然开启，并传来声音："谢总，您公司有紧急事务，因您的移动终端关机，现启用智慧网端找到您处理。"电视中的画面是谢总公司的会议室，因某突发事件急需向谢总汇报，他的助理正通过智慧网端定位，借助远程控制启动了被关闭的智能电视，与谢总及时取得了连线，等待谢总的决策。

同学们目睹小谢同学处理完紧急事务，一致惊叹！手机关了，你还有这一招，是故意找岔的吧，罚酒！

小谢一脸无辜："这个还真不怪我，怪只怪现在的科技太疯狂。我们公司就是引进了目前最先进的智慧网系统，不管有没有带手机等移动终端，只要有网络与智慧终端的地方，都可能找到我，哪怕在酒店、商场、机场、车站，甚至路边、公园等地方我都无法遁形。”

小李说：“看来还是我们普通老百姓好，不需要用那些让自己感到恐怖的科技。”

……

移动互联改变生活与工作

很多年前，国外就流行SOHO式办公。

什么是SOHO？即Small Office and Home Office，是家居办公的意思。SOHO是一种新经济、新概念，指自由、弹性而新型的生活和工作方式，它代表前卫的生产力、活跃的新经济。SOHO专指能够按照自己的兴趣和爱好自由选择工作，不受时间和地点制约、不受发展空间限制，比较适用于那些专门的自由职业者、自由撰稿人、艺术创作人、音乐创作人、平面设计师、工艺设计师、产品销售员、广告制作、服装设计、商务代理等人群。

在国内，有少部分企业与人群实现了SOHO式办公，但并没有被大范围推广，因为国人的管理风格还是喜欢看到员工每日重复着上下班打卡，只有在“眼皮底下”干活才不至于失去监控。

当科技发展到今天，特别是便捷的智能移动终端已经成熟与普及，让SOHO式办公越来越普遍，如图9-1所示。

移动互联对人们日常生活与工作的影响，主要是通过便携终端、智能终端、意识形态几个层面去改变，具体表现就是：我走到哪，“你”跟到哪；我走到哪，“你”就在哪；我走到哪，“我”就在哪。

- **我走到哪，“你”跟到哪：**便携终端的出现，如手机、IPad等

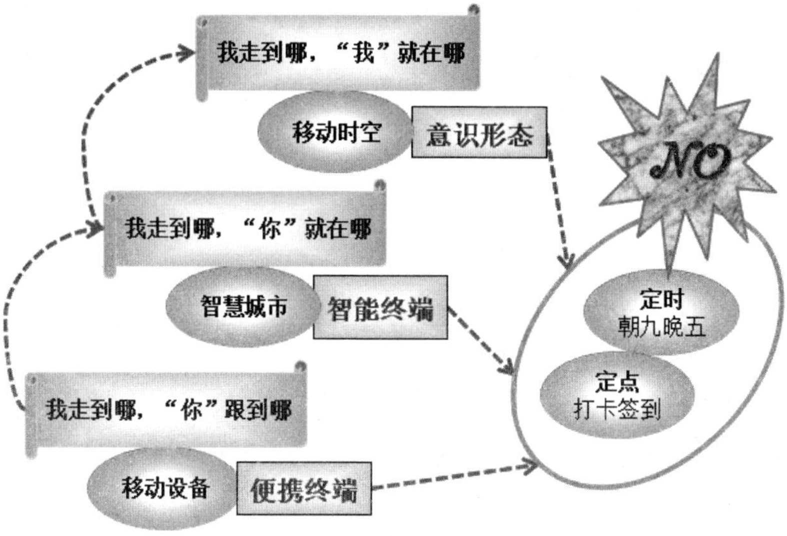

图9-1　向时空限制说“不”

便携式移动设备，在这些移动设备里面安装上互联时代研发出来的林林总总APP（应用），这些设备便由简单的通讯与信息功能，变得十分智能，逐步实现了我们走到哪，工作就可以跟到哪，以便让我们可以随时、随地、方便、及时地处理某些工作事务。

- **我走到哪，“你”就在哪：**智能终端的升级，如正在加紧布局与实现的智慧城市。智慧城市的实质就是利用先进的信息技术，实现城市智慧式管理和运行，它是运用信息和通信技术手段感测、分析、整合城市运行核心系统的各项关键信息，从而对包括民生、环保、公共安全、城市服务、商业活动在内的各种需求做出智能响应。目前还是处于智慧城市的初级阶段，只是针对一些简单的城市服务在特定的智能终端中实现。当未来把各种商业活动都集成、应用到智慧城市中时，我们走到哪里，相关的工作便可如影随行，自动寻找与锁定我们，让我们不失时机地便捷工作，此时我们可以不用随身携带任何移动类（如手机）的智能终端，因为人所到之处，都有比手机更先进、更智能的终端网在守候着。

- **我走到哪，“我”就在哪：**一旦人们习惯了不受时空限制，可以借助移动设备或智慧城市等先进技术进行任何时间、任何地点工作后，我们将跨越、上升到意识形态领域的移动时空，即我们在哪里，工作就在哪里，已经不需要受到移动终端、智慧城市的约束了。因为此时，人们的意识形态发生了根本的变化，即身在哪里并不重要，心系工作便可。

因此，移动与智能终端的发展，SOHO方式将无处不在，传统朝九晚五、打卡签到的定时、定点之工作模式将被无限地挤压。

不少人把万科王石先生爬山、游学定为不务正业，与工作无关，其实他只是提前在用最前卫的工作方式工作，而且未来这种工作方式不再是企业大佬们的专属，一定会逐步平民化。

今天的科幻是明天的现实

移动设备的成熟与普及，让“我走到哪，‘你’跟到哪”式的突破时间、空间限制之办公方式，已被人们所推行与喜好。

智慧城市的布局与尝试，正在不断探索、设计、验证与试行中。不久的将来，当智慧城市达到了成熟、稳定与普及时，城市中的每一个角落都布满了智能终端，这时即使我们丢掉手机等移动设备，工作事务将会“我走到哪，‘你’就在哪”般，在人们所在的每一个地方可以适时、准确地捕捉到我们。

真正的移动时空，就是要实现“我走到哪，‘我’就在哪”的境界，它不只是对科学技术提出了相当高的要求与难度，也是对工作意识形态的一次颠覆。

也就是说时代与科技的发展，最终向现有的时空模式宣战，未来的工作方式，是基于十分先进的科技，但又不依赖科技。

上述所说的智能终端与意识形态阶段，对于某些短时间内未成现实的技术与应用，对于今天来说似乎是一种理想化的科幻。

但随着移动与互联技术的不断深入研究，工作模式与习惯的不段突破，今天的科幻就是明天的现实，人们必将彻底地摆脱现有的时空限制。

当人们的工作与生活摆脱了时空限制，企业可能没有稳定组织、没有固定员工、不需办公大楼，每一个人就可能是一个最小的经济体，企业由无数不确定的这种经济体随机组合而成，如何适应这种全新时代的到来，对企业的经营与管理提出了新的挑战。

第十章
向行为模式逼宫

每一个年代，都存在着深深的年代烙印，人们在工作中所体现的行为模式也一样，不同年代的人，由于社会、经济、文化、教育、家庭、人口等条件与环境的巨大变化，行为模式便大相径庭。

出生于60年代的人，苦逼一代，有得做，就得做。

出生于70年代的人，尴尬一代，值得做，我就做。

出生于80年代的人，幸运一代，有任务，我就做。

出生于90年代的人，任性一代，合意愿，我就做。

出生于00年代的人，无忧一代，不用做，怎么做。

一组行为习惯的测试

为了研究不同人在工作中所体现出来的行为习惯，特定进行了一组测试。

该测试是在十个相对封闭的隔间内，每个隔间放置了一台被拆散的电脑，告诉每人进去一间呆一个小时，但没有任何其他指示与安排。

经过对200人的观察，他们在隔间一小时内的行为主要分为以下几类：

无所事事，静候一个小时。

无所适从，在里面时走时坐，熬过了一个小时。

看了会儿零散的电脑配件，拿起它然后又放下，懒得理它。

把电脑组装调试好，然后露出满足的笑容。

把电脑组装调试好，并玩电脑打发多余的时间。

接着，对这群参与测试者进行问卷调查：本次测试就想分析在没有任何指标与安排的情况下，大家对一台被拆散的电脑有什么反应与行为：

A. 我关注到了被拆散的电脑，但不知道它与本次测试有什么关系。

B. 看到被拆散的电脑，我想过把它组装调试好，但没接到任务指示。

C. 看到被拆散的电脑，我就试着看能否把它组装调试好。

D. 看到被拆散的电脑，我想把它装好，可惜我不会。

E. 看到被拆散的电脑，我就想把它组装调试好，然后可以玩电脑打发无聊的时间。

F. 看到被拆散的电脑，但对组装电脑没兴趣。

结果出来很有意思，70年代的人主要是选C或D，80年代的人主要是选A或B，90年代的人主要是选E或F，如图10-1所示。

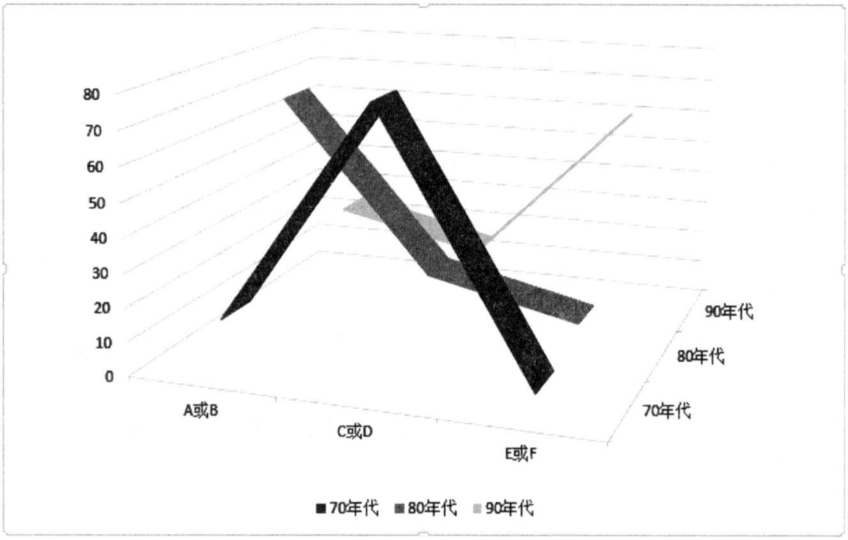

图10-1 行为习惯测试的结果统计

由这个测试的结果，大概可以得出：

选A或B：表示一切行为都需要有导向，有任务就做，没任务就不管。

选C或D：表示一切行为都较有主动性，只要能做的，就会去承担负责。

选E或F：表示一切行为都与意愿相关，想做就做，不想做就不做。

行为习惯的年代烙印

自从步入2010年以来，学者们都在研究与分析由于中国人口老龄化而导致的人口红利将逐步丧失，担心未来年轻的劳动力结构出现断层。

从企业经营与管理的角度分析，除了人才数量与结构的隐忧，还存在另一大更加致命的问题，就是随着社会、经济、政治、文化、教育等时代大环境的变迁，人们的行为习惯将发生“颠覆”，哪怕我们素以五千年悠久历史与灿烂文化的沉淀为底蕴，也将遭受这种时代变迁的巨大冲击。

就以当前职场中主要的人才生力军60年代、70年代、80年代、90年代的人进行分析，人们的行为习惯与方式带有明显的年代烙印，如图10–2所示。

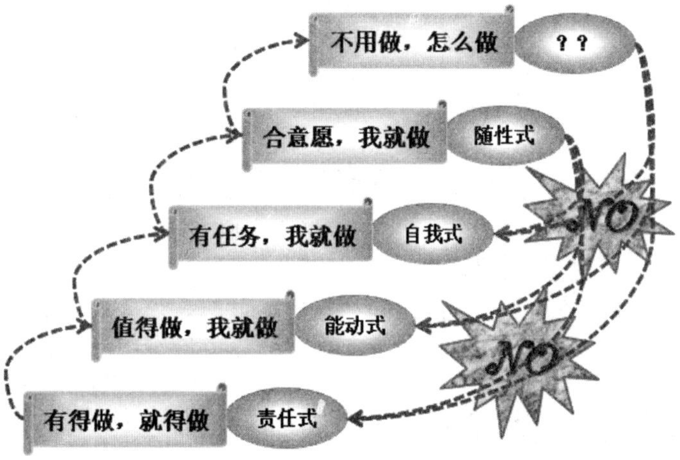

图10–2 不同年代的行为习惯

- **责任式**：出生于20世纪60年代的人，这是苦逼一代，出生于混乱与贫穷的年代，他们的思想受到上一辈的影响，并没有走出闭塞、传统与保守，社会、生活等环境也只能让他们循规蹈矩，在那个以落后农业、基础工业等辛劳为主的劳动里。于是，60年代的人在工作中所表现出来的行为特点就是，只要“有得做，就得做”，是忍辱负重、踏踏实实、兢兢业业干活的一代。因此，60年代的人行为习惯就是属于责任式。

- **能动式**：出生于20世纪70年代的人，这是尴尬一代，出生于贫穷与开放交替的年代，他们经历了缺衣少食的贫穷，受到了中华传统道德文化的熏陶，懂得在较多兄弟姐妹中互相谦让、分享与关爱，习惯了“放牛吃草”式的自力更生，体味了生存的艰辛与不易，也不断追求自我价值与创新突破。于是，这个年代的人在工作中所表现出来的行为特点就是，只要“值得做，我就做”，是那种没事找事、勇于担当、敢于闯荡的中坚力量。因此，70年代的人行为习惯就是属于能动式。

- **自我式**：出生于20世纪80年代的人，这是幸运一代，他们出生于改革开放的年代，由于逐步解决了温饱问题，以及计划生育政策导致兄弟姐妹的数量变少，父母对孩子慢慢变得宠爱有加而让这个年代的人成了花园中的花朵。他们开始接受西方文化与管理理念的影响，逐渐形成了追求个人自由与感受的自我式行为习惯。随着时间的推移，80年代的人已处于而立与不惑之年期间，工作、生活与家庭，以及高速发展的社会，他们在追求自我享受与个性的同时，在工作中体现出较为明显的“有任务，我就做”的行为习惯，如果没有明确的任务与指令，他们是不怎么愿意去理会其他“闲事”的。

- **随性式**：出生于20世纪90年代的人，这是任性一代，这是独生子女为主流的年代，几辈人的心血、积累与爱全部无私地给予了这一代人，所以他们在不愁吃、不愁穿、没吃苦、充满爱的环境中成长，被培养成最自我与任性的一代，他们在工作中所表现的行为习惯就是“合意愿，我就做”，即如果我不愿意，我便可以随时撒手不管。

- **？？式**：再过几年，00年代的那批人也将步入社会与职场，出生于00年代的人，这是无忧一代，按照现在中国的人口结构与社会、经济情况，将来这个年代出生的人，他们可以什么都不用做而过上无忧无虑的生活，在“不用做，怎么做”的未来，这个年代的人行为方式会是什么呢，这是个问号。

随性行为时代已降临

随着20世纪90年代的人逐步走进职场，若干年后21世纪00年代的人纷纷上阵，以及科技、经济、社会、文化、政治等时代的推演，以这群人为主体的随性式行为时代已经降临。

比如目前已经进入职场的90后，他们在无忧、无虑的成长环境中，父辈的积累与爱足以让他们一生衣食无忧，还可以过上逍遥自在的生活，他们可以工作，也可以不工作。他们将会对以往任何一种责任式、能动式、自我式等行为方式与习惯说“不”。

未来的企业管理，我们将面对一群“合意愿，我就做”、“不用做，怎么做”的新生代，他们可能会让现在的组织行为变得失控，现在的“强制、被迫、规范、结束、教化”等管理理念与方法，对这些新生代都可能失效，如何看这群人的“脸色与心情”而有效地进行管理，在企业经营与管理中，自然将是一个新的课题与挑战。

第十一章

向管理模式逼宫

改革开放三十多年，实体经济的经营模式不断发生着变化，与之相匹配的管理模式也随之而变。这些经营模式、管理模式似乎都很有规律，都很遵守规矩。

当互联网技术、应用与思维冲击到各行各业以及各种领域时，企业的经营模式正在发生翻天覆地的裂变，与此同时，人们生活与工作的时空模式、行为模式也发生着巨大的变化。

面对这一系列的变化，企业的经营与管理必将面临前所未有的挑战。

最好的管理就是没有管理

身为上市公司万科的董事长，王石先生一年中有近三分之一的时间在外登山、跳伞，玩极限等运动，由此股民批评他“不务正业”。

“不要把我当个工头来要求！不要这样要求一个董事长。”王石先生大力反击“不负责任说”、“不务正业说”，他说道：“作为董事长要扮演三种角色，第一是在决策上要确定公司的方向，第二是决策监督任务，第三是有责任去培养新人。如果一旦王石离开万科，万科就稀里哗啦，那这就是一个病态的企业。”

对上述故事的解读，从不同的角度会有不同的论调。从管理模式来分析，王石先生的话语透露出：

- 管理是分层次的，高层管理不需事必躬亲，而是重点聚焦在决策、监督与培养人才。
- 万科的管理基础已经十分扎实，管理水平已经达到相当的高度，可以让董事长放心了。
- 当管理达到一定的层次，所有的员工都已经习惯性的去遵守与维护时，这时要逐步淡化管理的色彩，实现无为而治。这就是管理的最高境界，即最好的管理就是没有管理。

企业的经营模式不断在变

因为社会、文化、政治、经济、科技等时代环境在变化，近几十年内，中国实体经济的经营模式也不断发生衍变。

根据人们经营业务的规模、复杂、关联、难度、深度、广度等横纵向、内外部因素的递升与衍变，可以把经营模式划分为个体、作坊、集中、细分、跨界几种主要的模式，如图11-1所示。

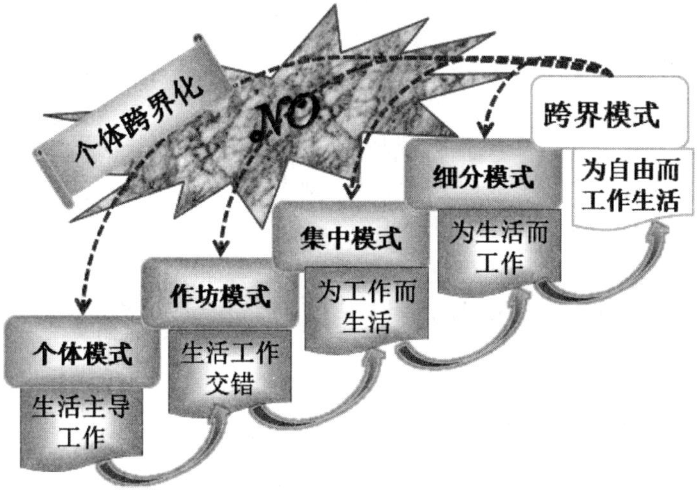

图11-1　企业的经营模式迭代

不同的经营模式，存在不同的特点，比如与人们息息相关的工作、生活方式，如表11-1所示。

表11-1 企业的经营模式

经营模式	工作方式	生活方式	备注
个体模式	人们最原始、最本能、最简单的生存方式，就是每一个体自给自足、自我经营	自由散漫，无拘无束，工作就是生活，生活就是工作，甚至没有明显的工作概念，一切均属于生活	生活主导工作
作坊模式	当有些工作不能靠少数个体完成时，便扩展成不需要什么管理的群体来共同完成，比如家族、乡亲等小规模合作	工作与生活逐步区分，但工作与生活仍然交织紧密	生活工作交错
集中模式	当产能高速发展，作坊化的工作方式，不管是规模、环节，还是复杂、难度、协作等方面都无法胜任时，势必推行标准、系统的规模化集中模式	工作与生活明确划分出来，工作的时间别被生活占用，生活的空间也别让工作插足	为工作而生活
细分模式	随着产业的横向打通、纵向深入，进而形成行业或领域的链条化，企业内、外各环节的合作与依赖关系越来越凸显，精细化分工与合作成为了此时的主流	随着环境、压力、健康等因素的巨变，人们又逐步在工作之余“我行我素”，在高强度的工作时空下，注重生活的品质与自由	为生活而工作
跨界模式	互联模式的冲击与移动应用的普及，工作可能不再需要定时、定点与集中，而真正实现随时、随地、随性地工作，当然这种方式只适合于某部分行业、领域或人群	回归到原本，工作就是生活，生活就是工作，无拘无束、自由选择必将成为强大的生机与趋势	为自由而工作生活

因此，随着时代的变迁，企业的业务合作模式在经历了个体、作坊、集中、细分等阶段迭代后，人们的工作与生活方式不是趋向繁杂，不会被产业链条化、领域细分化所长期枷锁，而将在互联模式与大潮下不断模糊、跨界，不少领域或将升华与回归为“个体跨界化”的合作模式。

企业的管理风格随之而变

与上述经营模式相对应，企业的管理风格也可以划分为随意、任务、过程、结果、形散几类鲜明的风格，如图11–2所示。

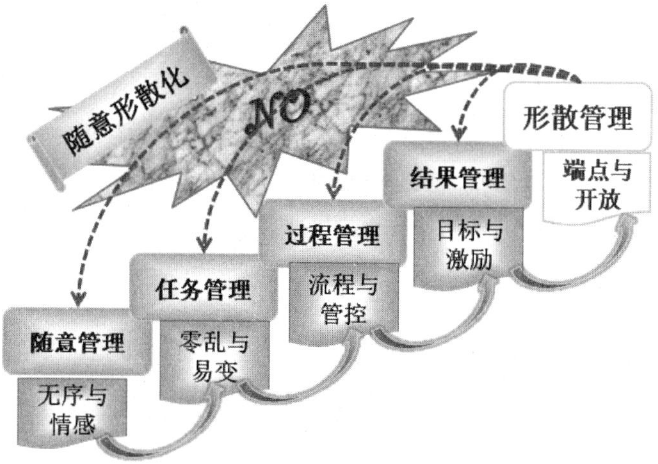

图11–2　企业的管理风格迭代

不同的管理风格，其管理思维、管理方法均在发生着巨大的变化，如表11–2所示。

表11-2 企业的管理风格

管理风格	管理思维	管理方法
随意管理	情感：人员组成主要是亲朋好友，业务相对简单，管理思维大都是基于亲情、友情、感情等无明确管理意识的随意、随性	无序：此时没有什么明确、规范的管理方法，所谓管理行为，都是无序、随意、经验之类的
任务管理	易变：人员构成开始多样化，业务环节逐渐增多，但仍然较为简单，没有形成结构化的体系思维，一切管理因人而异、因事而异、因时而异，变数较大	零乱：此时管理主要以下达、跟进、完成任务为主，且任务间的依赖与关联程度不大，相同任务、不同任务的管理方法与制度较为零乱、琐碎
过程管理	管控：业务复杂与依赖程度急剧增大，各业务环节的产能、成本、质量、效率等成为监管、控制的对象与重点	流程：此时各业务环节的有效配合与运作成为必然，于是以流程为核心的过程化管理方法，成为了整个管理界的主宰
结果管理	激励：当企业在追求数字化结果时，为了引领或诱惑完成目标，此时的管理思维基本上都是打着绩效激励的旗号	目标：此时以目标管理为中心，衍生出各种流派的理论、方法与工具，比如长盛不衰的绩效管理
形散管理	开放：所谓开放，就是工作方式多样化，管理方式多样化，整体约束与个体自律并行，工作时间与交付弹性，生活与工作柔性，关联程度形散而神不散	端点：所谓端点，用户是端点，任务是端点，项目是端点，组织是端点，离散是端点，聚合是端点，可以说未来很大程度上的工作与生活事务会以离散的端点化存在

因此，随着时代的变迁，企业的管理风格在经历了随意、任务、过程、结果等阶段迭代后，继承了这些管理思维与方法的规范、系统与严谨，在互联模式的驱使下，或将摆脱现有管理风格的桎梏，而趋向升

华与回归为形散、选择、合作、信任、契约式的“随意形散化”管理风格。

那么，在不久的将来，所谓“个体跨界化”、“随意形散化”具体会有哪些表现呢？我们不妨进行如下大胆设想与预测：

● **我就是公司：**我可以属于一家公司，也可以属于多家公司，也可以不属于任何一家公司，但我的业务来源多样，忙并快乐着。

● **企业“门庭若市”：**企业可以独享一人才，也可共享一人才，也可聚天下所有人才，企业与人才的关系将走向局部的业务合作、端点契约。

● **工作“股市化”：**社会分工与合作变成“股市化”，即经过标准、细分后的工作，不再是一成不变的职位，而是一系列具有标价、竞价等信息的工作项，企业将它发布给不特定的群体，这些群体就如股民一样，根据自己的资本（专业、才能、时间等）自由买进（领取工作项）、卖出（交付工作项获取收益）股票（工作项）。

● **尽情跨界：**我今天是演员、明天是工人，上午编代码、下午填诗词，让生活、工作、领域、行业、人际、爱好等纷繁复杂、毫不相干的事务，都在短暂的生命中尽情地交融与跨界。

● **我行我素：**“私人订制”不仅是电影情节，会成为你我的日常生活与工作境界。我行我素、无拘无束，只要不违背道德与社会底线，一切皆有可能。

……

未来的企业经营与管理，之所以出现“个体跨界化”、“随意形散化”，是因为如下因素的潜变或条件的成熟：

● **内因：**人性使然，人类的天性就是在摆脱枷锁与约束，而人类在进行社会化融合与发展中，又不断地施行各种管理手段，90后、00

后，及至80后、70后，在社会环境与思想意识巨变的今天，这个社会化的管理与人性的反管理之矛盾越演越烈，这就是“个体跨界化”、“随意形散化”即将扑面而来之悠远与原本的内因。

● **基础：**不管是哪种经营模式、管理风格，它们累积与沉淀出来的知识、经验、方法、思维与智慧，几乎应有尽有，到达了一个无比繁杂与精细的程度，“个体跨界化”、“随意形散化” 不是否定与颠覆历史发展过程的结晶与成果，而是局部选择性继承它们的合理、强大与坚实。若没有经历个体、作坊、集中、细分与跨界的合作模式，就没有未来的“个体跨界化”；若没有经历随意、任务、过程、结果与形散的管理风格，就没有未来的“随意形散化”。

● **助推：**内因始终存在，基础不断夯实，却无法达到跨界模式与形散管理，因为还缺少至关重要的助推器。这个千呼万唤始出来的助推器，就是不鸣则已一鸣惊人的互联产品、应用、模式、思维。互联类的产品与应用，在十多年前就已崭露头角，几经沉浮与洗礼，最近几年，随着信息与交通等网络化快速发展，海量存储、云计算等技术的成熟，终于把庞大无比的宇宙时空真实地变成了地球村。于是，互联模式与思维得到了空前的发挥，“个体跨界化”、“随意形散化”不会是痴人说梦，而会成为不久的明天。

第四部分

互 联 时 代 的 管 理 变 革

变革，山雨欲来风满楼

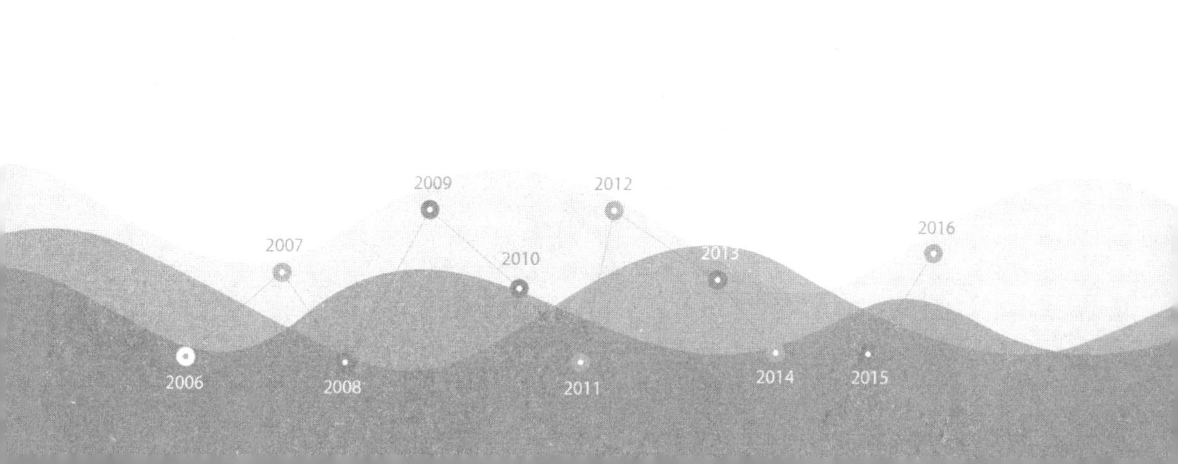

第十二章

先布局，再立足

做企业、搞实体，在曾经百废待兴的时代，不少人做着做着就成功了，这就是先立足再布局的行动潮流，这也是草根英雄与冒险者的天堂。

而今各类行业、产业的经营成本高涨、竞争剧烈、产能过剩、泡沫横飞，实体经济早已被所谓的GDP、货币、政策、投机等行为折腾的萎靡不振，此时无数企业走着走着就迷失了，这就是想立足无布局的激情一派，这也是一哄而起又一哄而散的炼狱。

伴随着互联技术、应用与思维对各行各业的渗透与冲击，经营企业必将变革为先布局再立足的谋定而后动，这样谋着谋着就成功了，这将是胆略、智慧、谋略与运筹的天空。

互联网企业倒下一大批

盘点近几年的互联网行业，不少公司曾是红极一时的典范，可过不了两三年，又迅速陨落，从辉煌到凋零，只在瞬息间。

● 蜜淘网——跨境电商终究是巨头的游戏

蜜淘网曾是跨境电商的标杆，有“海淘版唯品会”之称。蜜淘网创始人谢文斌出身于天猫，此后看中海淘的风口，2013年10月开始创业，打出正品的旗帜，做代购、导购平台。2014年3月份“CN海淘”上线，2014年9月份正式更名为“蜜淘”，定位于“海外品牌限时特卖网站”，要做海外购物领域里的京东。

然而从2016年3月底开始，就不断有媒体爆出蜜淘网已经倒闭。

● 博湃养车——伪O2O需求的陷阱

2016年4月5日凌晨，博湃养车在微信公众号上发布公告长文，正式宣布破产倒闭，消息一出，行业哗然。博湃养车曾是养车O2O类的明星公司，论规模全行业第一，估值曾高达6亿美元，距离独角兽仅一步之遥。

一年不到的时间，它已经成为汽车养护的行业巨头，当之无愧的NO.1，身上笼罩着知名的投资机构、互联网大佬级战略投资者的耀眼光环。但谁都没有想到的是，仅仅又过了一年时间，博湃养车就轰然倒下了。

● 美味七七——照搬“京东模式”玩死生鲜电商

美味七七成立于2013年5月，以上海为中心，提供高品质的生鲜食材，并全程配以冷链配送。2014年5月美味七七获得了来自亚马逊的2000万美元战略投资。

可到了2015年底就不断传出资金链断裂的消息。2016年4月，资金出现问题，暂停营业。

● 神奇百货——成功来得太早

著名的95后创业者王凯歆从天上跌落的速度并不比她飞上天时慢。

神奇百货主打95后概念，所有这些鲜明的标签让她迅速得到资本市场的青睐，在BTV的创业真人秀《我是独角兽》现场，被五个资本大佬争抢。2016年年初，她拿到了2000万A轮融资。

神奇百货做的事情是一个类似代购的生意。她定位于95后，供应商主要是淘宝店家。用户下单后，他们再通过淘宝将商品拍下，继而由淘宝卖家发货给用户。

这个模式的估值声称达到了6000万，并且投资人对王凯歆本人赞誉不断。

可惜，仅仅过了几个月，这个身价过亿的18岁CEO就摔下了神坛。

● 云视链——技术伪创新

云视链的产品，按照官方介绍来说，它最大的价值在于将视频单向内容输出变为双向互动的形式。

经过试用发现，原来所谓的云视链是在视频区域内加文字标签，可以理解为标签式的弹幕，可以在有限的视频区域内任何位置进行添加。从云视链上线，到多家投资机构约谈，但不久之后便受到质疑。

于是我们发现，很多公司都是打着科技创新的幌子，而真正的科技创新必须要同时满足很多条件，它绝不只是某一个改进或者奇思妙想。

类似的案例还有很多，比如孵化创业公司的孔雀机构、不知天高地厚的超级课程表、融资跟不上的一起唱、投资方撤资的爱狗团。

还有，据2015年网络统计出来的数据，有好几百家P2P互联网金融公司倒下或跑路。

互联网创业尸横遍野，究竟是什么原因造成了如此虚假的浮华？

激情燃烧式创业，已成过去

上述这些案例，基本上是在这批互联网创业大潮中，因为“激情”一哄而起又一哄而散的典型。

关于创业，不管是过去、现在，还是未来，参与者众、成功者寡，无数创业的人群与企业均纷纷倒下。

特别是中国经济已经发展几十年，有关创业的各种环境与条件都在发生巨大的变化，于是创业、生存与发展等环节也随之在发生变化，如图12–1所示。

过去、现在与未来的创业方式，总结起来其实就是一个“先立足，再布局”，还是“先布局，再立足”的问题。

过去与现在，实体经济的创业过程，概括起来主要是五个环节：行动、生存、坚持、发展、飞跃。

- **过去的创业方式：**做着做着就成功了，这是先立足，再布局。

◇ 行动，先做再说：没有明确的思路与计划，属于先做再说的盲目派，当时的创业者多数并没有做企业的意图，只是找个事做、谋个活路，或者说小打小闹一下吧。

◇ 生存，养活自己：主要是赚点小钱，能养家糊口，再请上几个

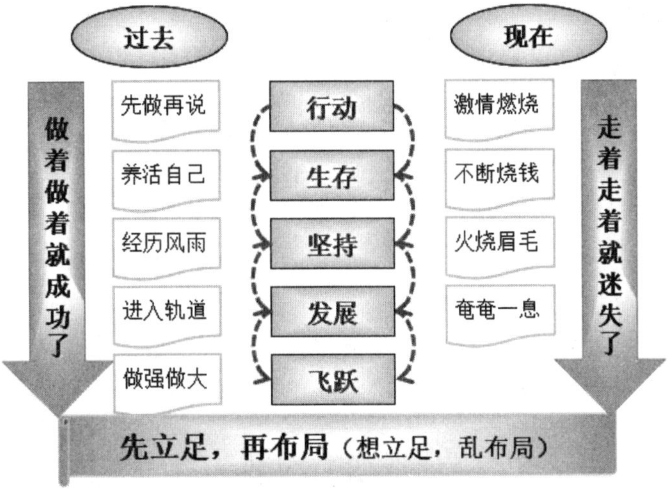

图12-1　先立足，再布局的企业方式

伙记，人多好做事而已。

◇ 坚持，经历风雨：此时的个体、作坊也经历了无数风风雨雨，有些人放弃了，有些人坚持了，有些人幸运些，有些人倒霉些。这就是典型的坚持就是胜利的时代。

◇ 发展，进入轨道：解决了生存，经历了风雨，才开始走上企业经营的轨道，此时进行规模扩张，以巩固基础。

◇ 飞跃，做强做大：发展到一定阶段，之前那种凭感觉的行动派与高速发展的内外部环境已经很不相配，于是便引入经营管理的全方位布局，即通常所说的战略规划、发展规划等等，以便实现企业的飞跃而做强做大。

● **现在的创业方式：**走着走着就迷失了，这是想立足，乱布局。

◇ 行动，激情燃烧：因为互联网概念，以及双创（大众创业、万众创新）号召，还有当前社会、经济等大环境，对稍微热门的领域，大家都投之以无限的激情，以为激情就是创业成功的代名词。

◇ 生存，不断烧钱：因为规模、起点、领域、成本等基本条件不同，当今的创业成本与投资，不断攀升，动不动就数以千万、数以亿计的资金投入，一旦资金难以为继，企业便无法生存。

◇ 坚持，火烧眉毛：一旦企业遇上困境，在企业没有造血盈利之前，能否坚持下去，这是个相当大的考验。

◇ 发展，奄奄一息：因为激情燃烧的创业动机，因为不断烧钱的资本运作，导致多数企业落得个苟延残喘，在看不到发展与前景中煎熬。

◇ 飞跃，望洋兴叹：发展都没有，还能飞跃？那只是个传说。

因此，过去与现在的创业方式，带有鲜明的“先立足，再布局”特点，如果无法立足，也就不用布局了。

在过去，不少人做着做着就成功了，这是草根英雄与冒险者的天堂。

而现在，无数企业走着走着就迷失了，这是一哄而起、一哄而散的炼狱。

当今正处浪头的激情燃烧式企业，才刚开始，却已成为过去，因为“先立足，再布局”已被时代抛弃。

谋定后动的布局，赢得未来

未来在经营企业活动中，必将规避之前的“先立足，再布局”，而是趋向“先布局，再立足”。

先布局，再立足，这种创业方式，其主要经历布局、行动、立足、淘沙、胜出五个环节，如图12–2所示。

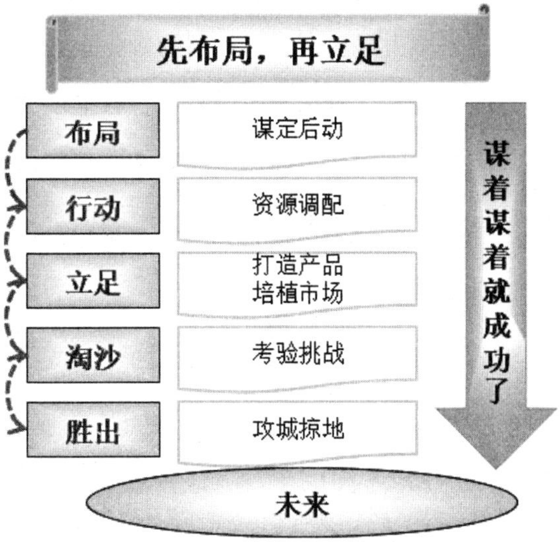

图12-2　先布局再立足的企业方式

- **布局，谋定后动**：布局就是确定产品、市场、技术、资金、人才等方面的方向、定位与规划，这是谋定而后动的做法，在创业之初做好全方面的分析、论证与决策，避免盲目行动。
- **行动，资源调配**：当布好局之后，经分析、论证与决策通过时，便快速、果断调配相关资源进行创业活动的具体落实，以最快的速度占领市场先机。
- **立足，培植市场**：未来的创业，由于大多数处于创新领域。既然是创新，那么就存在未知，在未知的领域，首当其冲的就是打造产品与培植市场，以求在市场与客户中取得立足之地。
- **淘沙，挑战考验**：创新型的业务，即便取得了初始的立足之地，还需要经历市场、同行、竞争、资源、资金、政策等方面的大浪淘沙，只有能经受住考验与挑战的创新型业务与经营，才能持续成长。

- **胜出，攻城掠地：**当企业经历了考验之后，便进入攻城掠地的扩充，此时便走向做强做大，从而胜出，成为领先企业。

因此，伴随着互联技术、应用与思维对各行各业的渗透与冲击，经营企业必将变革为先布局，再立足的谋定而后动，这样谋着谋着就成功了，经营企业必将进入胆略、智慧、谋略与运筹的天空。

第十三章

大经营，微管理

经历了西方严谨、精细、量化的管理熏陶之后，我们的企业管理发生了脱胎换骨的巨大变化，中国企业管理从开放、引进到提升、普及、飞跃，我们必须向西方管理致敬。

当我们的企业管理百尺竿头更进一步时，在管理的深水区触碰到人性、利益与文化等暗礁，既有的管理思维与方法显得如此苍白，哪怕是博大精深的中华国学也无能为力。

此时，恰好迎来了高举“创新、颠覆、跨界”的互联网思维浪潮，于是“行业壁垒被打破、产业加速重组、商业生态融合”成为了企业界的主旋律。因此，用经营的大局思维与方法代替管理的细微机制与行为，就成为了经营企业的必然趋势。

不按常规出牌的雷军

2013中国经济年度人物评选获奖名单揭晓，小米公司董事长兼首席执行官雷军、格力电器董事长兼总裁董明珠获奖。在央视主持人陈伟鸿的精彩主持下，在“说好的1亿元赌局呢”的两位大佬马云、王健林的帮衬下，“柔中强”雷军与“铁娘子”董明珠当着全国人民又下赌注：赌小米5年之内销售额能不能超过格力电器，而且赌资升级至10亿！

这是一篇值得留存批注与讨论的对话。高手对着镜头过招，虽然相当一部分成分是客气与作秀，但言辞交锋间仍冷不丁闪烁着不同商业模式、商业思维的较量与琢磨。

大家普遍认为，小米在商业模式尤其是营销手段上有很多“毁三观”的做法，所以造就了它现在的成功，其实雷军在组织形式和管理文化上也做了不少出格的事。

第一，小米没有KPI。这在传统企业看来是很不可思议的，即使在互联网公司也没有哪家企业是不做绩效评估的。

第二，他们的管理层很少，七八个合伙人下面分别有个主管，管理着七八个小组，然后就是普通员工。不管你在别的公司做总监还是经理，在小米都是工程师，级别都一样。表现好就加薪，但是没有晋升。也就是说，他们的管理异常扁平化，把职能拆得很细。

第三，不开会，甚至做出的决策都不发邮件，有什么事情就在米聊群里解决，连报销都是在米聊截个图就可以了。

管理，从必要到过度

前面已经分析了，当前中国的企业已经不缺管理。我们基本上已经走过了管理的学习、引进、推行与生效等阶段，并且取得了显著的成果。

然而，当企业管理越发完善的时候，就可能从必要管理转向了过度管理。

当前的企业管理，主要是沿用西方的精细化管理风格，它的管理聚焦就是对人、对事、对物，如图13-1所示。

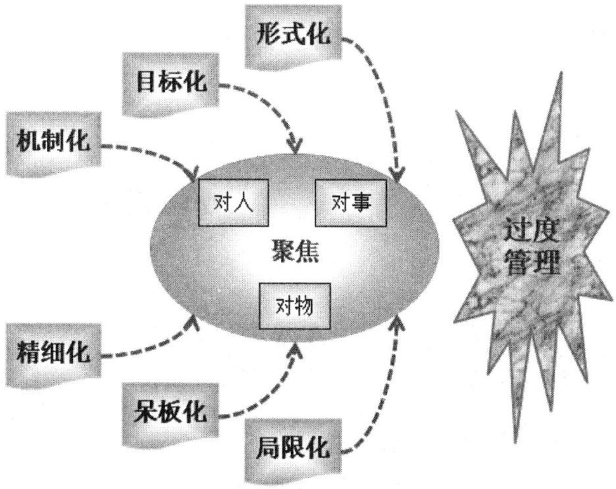

图13-1 企业的过度管理

- **对人：**所谓对人，就是说企业管理的核心对象是人，管理的过程、结果都是针对人，管理关系也是人，如管理什么样的人，向什么角色的人负责，向什么层次的人汇报等。比如人事管理、人力资源管理、人才资本管理等学科，就是专门管人的。

- **对事：**所谓对事，就是针对企业业务、流程、现象、机制、政策、文化等事务性的对象进行管理。比如研发管理、生产管理、质量管理、项目管理等领域，就是专门管事的。
- **对物：**所谓对物，就是针对财、物等企业资产类的对象进行管理。比如财务管理、资金管理、投融资管理、物料管理、仓储管理、供应链管理等，就是专门管物的。

对人、对事、对物，在当前的管理体系中，它们都存在较为明显的共性，那就是过于机制化、目标化、形式化、精细化、呆板化、局限化。

- **机制化：**所谓机制化，就是任何管理都设计成白纸黑字的政策、机制与流程等形式。
- **目标化：**所谓目标化，就是总想设定些量化的目标、指标进行衡量与监管。
- **形式化：**所谓形式化，就是说在管理过程中，比较重视管理的形式（类似形象工程、群众运动），而忽略了管理的本质与效应。
- **精细化：**所谓精细化，就是在管理过程中，总想划分得十分极致，事无巨细、抓小放大。
- **呆板化：**所谓呆板化，就是在管理过程中，缺少弹性与应变，要么不执行，要么就呆板僵化地执行。
- **局限化：**所谓局限化，就是各类管理都局限于本领域或者某个点，而忽略了与其相关方。

这些过于重视机制、目标、形式、精细、呆板、局限的管理，如今已衍化成为过度管理，对企业的经营与管理带来了资源浪费、人心涣散、效率低下等巨大内耗。

跳出管理，走向经营

当企业的经营环境发生了变化，当创业方式由“先立足，再布局”变革为“先布局，再立足”，当企业由必要管理走向过度管理时，为了在激烈的市场竞争中求得生存与发展，或许企业的管理应该走向经营思路，即大经营，微管理，如图13-2所示。

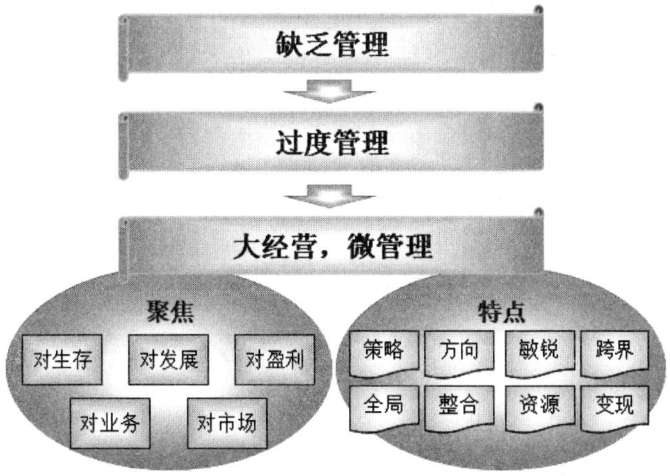

图13-2　大经营，微管理

在中国企业处于改革开放之初，在“摸着石头过河”的时代，各类企业的经营、管理基本是无序的状态，此时就是缺乏管理。

随着经济的发展，规模的扩大，港台及外资企业纷纷进入，于是大家也纷纷重视企业管理的重要性，并不遗余力地引进西方先进的管理思想、方法与工具，此时就是必要管理。

任何事务，过犹不及，当我们过度地追求企业管理的机制化、目标化、形式化、精细化、呆板化、局限化时，本来的必要管理便转变为过度管理，进而产生了巨大的管理内耗，最终制约着企业的经营与发展。

企业的一切管理行为，其宗旨都是为企业的经营与发展服务。

随着社会、政策、文化、人性、经济、科技等方面的变迁，企业的经营与管理将慢慢由“管理”走向“大经营，微管理”的方式。

- **所谓微管理，**就是逐步弱化管理的色彩，让企业管理轻微、简单、明了化。

- **所谓大经营，**就是一切企业管理行为与活动都站在企业全面经营与运作的角度去规划与执行。

- **大经营，微管理的聚焦：**企业的大经营，微管理，它的聚焦对象不再是停留在对人、对事、对物几方面，而是聚焦于对企业的生存、发展、盈利、业务与市场等关系到企业兴、衰、存、亡的层面。

◇ 对生存：大经营，微管理，就是对企业的生存与立足负责。

◇ 对发展：大经营，微管理，就是对企业的发展与壮大负责。

◇ 对盈利：大经营，微管理，就是对企业的盈利能力、盈利速度、盈利空间等负责。

◇ 对业务：大经营，微管理，就是对企业的核心产品、服务等主体业务负责。

◇ 对市场：大经营，微管理，就是对企业的目标市场培植、拓展与占有负责。

- **大经营，微管理的特点：**企业的大经营，微管理，它的特点就是基于企业的经营策略、发展方向、市场敏锐、业务跨界，更加重视全局考量、网络整合、资源调配、增值变现等核心业务。

◇ 策略：大经营，微管理，主要制定企业经营与发展的中长期战略、规划等。

◇ 方向：大经营，微管理，主要制定企业经营与发展的方向、定位、目标等。

◇ 敏锐：大经营，微管理，主要关注、洞察、捕捉目标市场、竞争市场、新兴市场的动态信息与变化，以随机应变，调整企业经营与发展的策略与方向。

◇ 跨界：大经营，微管理，主要培养、形成经营、管理各相关领域的跨界思维与能力，而不是固封自守的本位思想。

◇ 全局：大经营，微管理，注重经营与管理过程中的全局考量，而不是只关心局部环节的精细管理。

◇ 整合：大经营，微管理，注重各企业、各行业、各产业相互间的网络资源整合。

◇ 资源：大经营，微管理，调配人才、资金、业务、市场等企业资源，以实现高效运转。

◇ 变现：大经营，微管理，针对企业经营的核心业务，把对应的产品、服务、资金、人才在经营运作活动中实现增值、交易与变现。

因此，跳出管理，走向经营，“大经营，微管理”的思路与方法，就是决胜未来企业兴、衰、存、亡的关键法宝。

第十四章

强合作，弱竞争

19世纪英国生物学家、进化论的奠基人达尔文先生提出了伟大的“物竞天择、适者生存、优胜劣汰”观点。

20世纪美国著名管理大师、“全球第一CEO”、“美国当代最成功、最伟大的企业家”杰克·韦尔奇先生在绩效管理中把达尔文先生的“优胜劣汰”观点发挥与应用到极致，并深深地影响、引领着全球的管理观念与潮流。

然而，在移动互联的今天，这种跨世纪的管理宝典，不断地受到挑战与质疑。建立合作共生的商业生态圈、经济生态圈，或许比推崇白热化的竞争势态更能赢得未来。

实体经济的春天还有多远

2016年3月，光谷客一篇《武钢减员5万，一个普通钢铁家庭的沉浮》的调查报道在互联网上掀起轩然大波。

武钢大规模裁员只是传统制造业举步维艰的一个缩影，比如之前网络疯传东莞一年左右上千家企业关门。

制造业的萎靡直接导致的是实体店的生意越来越难做，很多开实体店做生意赚钱的越来越难以维持下去，有的直接关门倒闭。年初，一份在网上流传甚广的《实体店阵亡名单》揭露了实体经济“尸横遍野”的现状。名单上大致列出了涉及百货、超市、奢侈品、服装和餐饮等各大领域，其中包括梅西百货、万达百货、香奈儿、沃尔玛、家乐福、麦当劳、美特斯邦威、李宁等知名品牌。

实体店哀鸿遍野，难道电商就是风生水起了？

其实，电商也未必见得乐观。电商早已不是一片“蓝海”了，拼得热火朝天，成为死尸一大堆的“红海”。

从1994年到2016年，中国互联网这22年，历经门户为王、网游兴起、户外媒体崛起、搜索胜出、网络文学问世、电商混战、千团大战、网络视频争雄、社交热潮、P2P爆发、O2O潮涌等诸多创业风口。

这期间，一败涂地者有之，功成身退者有之，倾家荡产者有之，一夜暴富者有之，“一将成名万骨枯”适用于每一段互联网发展历程，千千万万的创业者在互联网大潮中向死而生，无数在互联网创业风口下逝去的公司历历在目。

过去，从事实体经济的人被互联网人士嘲笑为老土。现在大家看清楚了，就是借钱、发钱和烧钱，2015年获得A轮融资的846家创业公司现在都快倒闭完了。

互联网经济站在风口，在互联网泡沫的繁荣下，投资与创业成了时髦的运动。

自2008年金融危机以来，实体经济一直处于寒冬中萎靡不振，期待中的救世主互联网经济也前景未卜，在这种大环境下，实体经济的春天到底还有多远？

本是同根生，相煎何太急

不知道是受达尔文先生，还是韦尔奇先生之观点的影响，世界充满着竞争的氛围，在企业管理界，大家也不断地鼓吹着商场如战场。

企业的竞争，主要存在内部竞争与外部竞争，如图14-1所示。

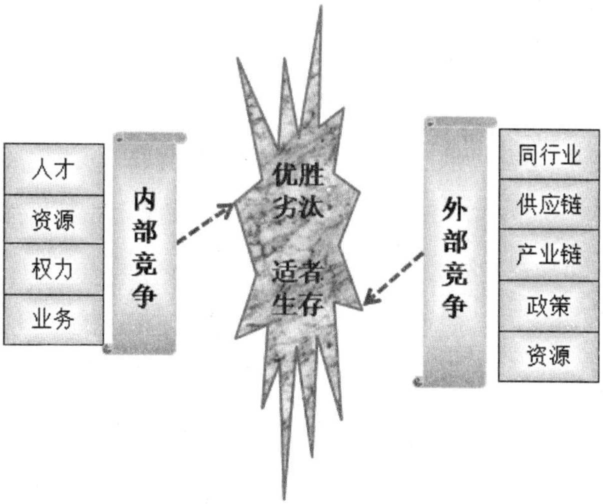

图14-1　企业的竞争环境分析

● **内部竞争：**企业内部的竞争，主要是人才、资源、权力与业务等方面。

◇ 人才竞争：企业内部的人才竞争，体现在人才资源获取、使用与调配的争夺，人才培养、发展、晋升、淘汰方面的明争暗斗。

◇ 资源竞争：企业内部的资源竞争，是针对企业资金、资产、物品、场地、设备、产品、市场、客户等资源的争夺。

◇ 权力竞争：企业内部的权力竞争，是指各投资者、经营者以及各层级管理者之间，甚至同事之间、上下级这间、跨部门之间关于管理深度、管理幅度、审批权限、知情权限等方面的博弈。

◇ 业务竞争：企业内部的业务竞争，是指企业内部各业务线条、产品线条、职能领域之间的挑肥拣瘦、互相攻讦、互相推卸。

● **外部竞争：**主要是指同行业、供应链、产业链、政策、资源等方面。

◇ 同行业竞争：常说同行是冤家，不是你存就是我亡，几乎每一个企业在进行市场分析时，都无比重视同行业分析、竞争对手分析、标杆分析，这些活动不外乎两个目标，一是把对手打倒，一是不被对手打倒。

◇ 供应链竞争：供应链竞争，是指某种业务、产品、服务上、下游之间因为需求与供应的关系，而进行哄抬物价、坑蒙拐骗等不良行为，引发该供应链中相关环节的互相攻防与应对。

◇ 产业链竞争：产业链竞争，是指各业务相关的、不相关的产业集群之间，进行资源、市场与客户的竞争时此消彼长。比如电商产业与门店产业，新兴互联网产业与传统通讯产业就是典型的产业链竞争。

◇ 政策竞争：政策竞争，就是出台、获得相关政策保护、限制的竞争，比如新能源电动汽车获取补贴、烟草专卖许可、特区行政法规等。

资源竞争：资源竞争，是各企业针对共有社会资源、自然资源的获取与争夺，比如土地资源、水资源、矿产资源、人口资源，包括信息资源、数据资源、平台资源等。

在充满竞争的企业内、外部环境中，商场如战场，一场没有硝烟的战争，让同在一片蓝天下的企业与人们处于“相煎太急”的水深火热中。

生态就是共生、互生与再生

在满是竞争的商业环境中，企业已经由“你死我活”慢慢恶化为“你死我死”的状态，煮豆燃豆萁，相煎何太急，于是业界大提、特提“生态圈”。

在目前十分流行的商业用语“生态圈”前面，再加上各种前辍修饰，就衍生出比如互联网生态圈、产业生态圈、商业生态圈、经济生态圈等一系列商业概念。

这些“生态圈”、“×××生态圈”漫天飞舞，但不管是说者还是听者，有多少人能清晰地解读什么是“生态圈”、“×××生态圈”？

什么是生态圈？

单独的生态圈概念，脱离了相关前辍，业界并没有明确的定义。大家日常口语中常提的生态圈，可以理解为生态系统。所谓生态系统，是指在自然界的一定的空间内，生物与环境构成的统一整体，在这个统一整体中，生物与环境之间相互影响、相互制约，并在一定时期内处于相对稳定的动态平衡状态。

因此，生态圈就是其组织要素、成员之间具有共生、互生、再生的动态平衡与发展。

- **共生**：所谓共生，就是“我能活，你也能活”，共生是生态圈的核心，它是创造一个利益诉求基本一致的生态合作环境。

- **互生**：所谓互生，就是“我活你也活，我死你也死”，每个成员的利益都与其他成员，以及生态圈整体的健康发展相联系，成员所创造的价值会在整个生态圈中进行分享。否则，生态圈就会受到威胁，成员可能会出现衰退，或转向其他生态圈。

- **再生**：所谓再生，就是“我转型（复活），你也转型（复活）”，通过重新关注最合适的市场和经济环境，将一些资源转移到新的领域，建立更好的合作框架和更健全的经济秩序，推动生态圈的不断进化，适应不断变化的竞争迭代环境。

什么是商业生态圈？

商业生态圈，是针对人才、资源、产业、环境、利益等方面，围绕企业内、外部商业活动、环节所形成新的共同发展、相安无事之商业生态环境，如图14–2所示。

在移动互联时代，互联意味着业务互通，互联意味着产业协防，互联意味着商业价值变现。

当我们突破了行业的壁垒，实现了产业的重组，融合了各种商业活动与行为，这种企业经营活动，就是在共生、互生与再生的经济生态环境中，形成强大的企业合作集群，弱化企业内、外部各种竞争势态，强化企业内外部人才、资源、产业、环境、利益之间的良好商业合作。

什么是经济生态圈？

未来的经济生态圈，就是在供应链、产业链与价值链之间形成一种共生、互生与再生的经济合作与生态环境，如图14–3所示。

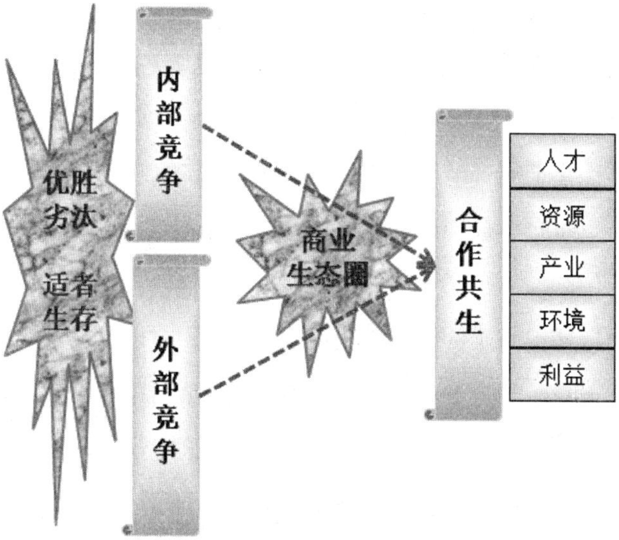

图14-2　商业生态圈

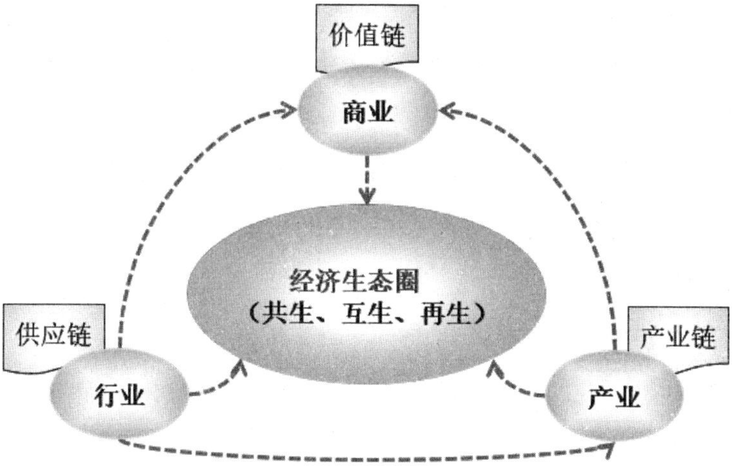

图14-3　经济生态圈

供应链是通过对物流、资金流、信息流的控制，从采购原材料开始到制成中间产品及最终产品，最后由销售网络把产品送到消费者手中的一个由供应商、制造商、分销商、零售商直到最终用户所连成的整体功能网链结构。

产业链是处于同等地位企业间内在的有机联系，它们既存在竞争，也存在合作，横向组合会形成良好的产业内部分工，形成良好的经济与商业秩序。

价值链是基于商业价值与变现在多个行业、产业之间的有效整合。

经济生态圈，就是本着共生、互生与再生的宗旨，在供应链、产业链、价值链相互之间建立起开放、合作、共赢的经济平台。

实体经济的春天还有多远？就是要看实体经济自2008年金融危机之后，继房地产泡沫、互联网泡沫以及强政策、经济刺激之后，实体经济重回主角之日，便是它的春天到来之日。正如这些企业大佬们所说：

- **腾讯马化腾：**互联网企业如果不与实体产业相融合，就只有上半身而无下半身！
- **京东刘强东：**下一个风口是传统产业！是传统产业由被动适应互联网到主动拥抱互联网时代。
- **华为任正非：**实业（实体经济）才是解决人们幸福生活的根本，不为互联网概念与风口所左右，用互联网技术去改造企业的运营与基础管理平台。

实体经济的春天还有多远？

当共生、互生、再生的商业生态、经济生态环境，在互联网技术、应用与思维中，形成一种新常态时，实体经济的春天就已来临。

第十五章
拥抱互联网转型

诺基亚手机曾经雄霸世界十几年，手机的稳定性和耐用性至今有口皆碑，但是质量稳定和经久耐用并没有让诺基亚守住市场份额，当诺基亚前任CEO约玛·奥利拉在记者招待会上公布同意微软收购时最后说了一句话：“我们并没有做错什么，但不知为什么，我们输了。”说完，连同他在内的几十名诺基亚高管不禁落泪。

究竟是什么原因导致了诺基亚的失败？很多案例分析归咎于诺基亚管理层的自负与封闭导致的一系列战略失误和iPhone为代表的智能手机的冲击。NOKIA是基于电信网络的通话设备，而iPhone手机可以聊天、发邮件、玩游戏、看电影、听音乐、导航定位、娱乐、购物、学习、社交等等，有数亿计的APP满足各种各样的需求，iPhone带给用户的是整个互联网世界。

诺基亚的失败，是移动互联网时代的产品淘汰数字通信时代产品的表现，是一个时代淘汰另一个时代的典型案例，诺基亚的失败是因为落后于移动互联这场革命。

互联网转型会遇到的问题

在互联网的时代，传统企业遇到的最大挑战是基于互联网的颠覆性挑战。为了应对这种挑战，传统企业首先要做的是改变思想观念和商业理念。要敢于以终为始地站在未来看现在，发现更多的机会，而不是用今天的思维想象未来，仅仅看到威胁。——华为副董事长兼轮值CEO胡厚崑

在传统企业互联网转型中会遇到哪些问题?

中国经济正处在一场艰难的转型之中，互联网是创新驱动和有效供给的强大推手，传统企业+互联网转型过程中，往往会面临以下五个方面的问题：

- **金**：投资回报

传统企业互联网转型过程中，投资是采取高举高打，大干快上，挥金如土？还是采取摸着石头过河，走一步看一步，投资采取添油战术？在投资回报方面，是否能够承受1年、3年、5年的亏损?

- **木**：人才激励

互联网人才薪酬高，流动性大，激励个性化，普遍有股权、期权激励的需求，传统企业+互联网转型的初始阶段，互联网人才的薪酬会打破原有公司的岗位体系和薪酬体系的平衡，造成新老团队的利益对立怎么办?

- **水**：组织流程

没有标准的组织，只有高效的组织，能否突破科层制架构，实现组织、制度、流程的扁平化，甚至网络化，自组织化？“天下武功，唯

快不破”，产品服务技术是否能够快速迭代，是否能让一线呼叫指挥炮火？传统企业做好准备了吗？

- **火：**市场营销

网红直播、社群营销、粉丝经济、大数据、免费模式、体验创新等互联网营销花样百出，网络营销效果衡量的核心指标Traffic（流量）、Engagement（参与程度）、Conversion（转化）以及Retention（留存/维系），涉及PV、UV、CPC、CPM、CPA、获客成本、转化率，留存率、重复购买率等指标，营销从此是技术派，经验派面临下课的尴尬局面。

- **土：**用户体验

很多人吃过“海底捞”，服务人员往往会带给客户超出预期的服务体验，因而备受称赞。传统企业互联网转型的时候，在提高线下产品服务质量的同时，是否利用移动互联网提升用户体验，实现专业与人文，理性与感性交汇？

互联网时代企业管理的八大特征

互联网是人类最伟大的发明之一，移动互联在改变、创新、颠覆人类社会方方面面。没有成功的企业，只有时代的企业，所谓成功只不过是踏准了时代的节拍。企业如果不能与时俱进，就是退步，就会被市场淘汰，被时代抛弃。我们简单归纳移动互联时代企业管理出现的八大新特征。

- **特征一：**移动互联推动企业管理与组织创新

纵观人类发展史，科学技术的进步推动着人类思想进步、思维模式转变，生产生活方式变化。

中国古代四大发明，造纸术、指南针、火药、活字印刷术，对中国古代的政治、经济、文化的发展产生了巨大的推动作用，这些发明传至西方对世界文明发展史也产生了很大的影响。

“欧洲文艺复兴初期四种伟大发明的传入流播，对现代世界的形成，曾起重要的作用。造纸术和印刷术，替宗教改革开了先路，并使推广民众教育成为可能。火药的发明，消除了封建制度，创立了国民军制。指南针的发明导致发现美洲，因而使全世界，而不再是欧洲成为历史的舞台。”——卡特《中国印刷术的发明和它的西传》

18世纪60年代第二次工业革命初期，资本主义社会面临着以机器取代人力，以大规模工厂化生产取代个体工场手工生产的一场生产与科技革命。随着机器生产的大规模应用，手工业劳动者面临如何在短时间内成为熟练产业工人的管理难题，福特汽车“流水线”诞生了，1911年泰勒的科学管理理论诞生了，西方古典管理理论随着这场生产与科技革命发展起来了，生产要素和生活资料按照古典管理理论和商业规则得到了有效分配和利用。

第三次工业革命：原子能、计算机、航天航空、生物工程的发明应用为主要标志的科学技术革命，极大地改善了人类的生存生活质量，极大地推动了人类社会经济、政治、文化领域的变革，人类生活方式和思维方式也产生了重大的变化。

第四次工业革命：互联网、物联网、大数据、云计算、人工智能开始的全新革命，将超过以往任何一次技术革命对人类社会的改变。数据显示，2016年全球互联网用户数已达30亿人，约占全球人口数的44%，其中，移动互联网用户数已达20亿人。中国拥有全球数量最多的移动互联网网民。2016年中国移动互联网用户规模有望达到8亿人，预计到

2018年，用户规模将达到8.9亿人。未来会怎么样，未来不可想象。

然而，企业管理与组织创新往往落后于技术创新的步伐，移动互联网的广泛应用，大规模定制颠覆了泰勒的“科学管理理论”中大规模制造，“混沌理论”颠覆了法约尔的“一般管理理论”中追求企业内部的再平衡，互联网的“去中心、去中介、自组织化”的组织形态颠覆了韦伯的“组织理论科层制”，西方古典管理理论不再适用于移动互联时代。

● **特征二：**移动互联网时代企业的边界在消失

山东自古以来是个出思想家的地方，孔孟庄荀思想影响中国人三千年，海尔集团的张瑞敏堪称当代企业家里的管理思想家。在海尔的管理实践中，张瑞敏创造了“日事日毕、日清日高”的OEC管理模式、人人面向市场的“市场链”管理模式、人单合一双赢模式，备受企业界和管理学术界推崇。

2013年到2014年5月，海尔在不到两年的时间里，在册员工总数由86 000人减至64 995人。2014年6月张瑞敏在某次论坛上说：“去年裁掉1.6万员工，海尔今年还要大刀阔斧，裁掉1万名以中层管理者为主的员工。”

海尔为何大幅裁员？原因是海尔在塑造互联网时代的新商业模式，实施了“企业平台化、员工创客化、用户个性化”的三化战略，如图15–1所示。

海尔现在有2000多个小微平台，已有200家团队在工商局注册成独立的公司。很多员工激情被点燃起来，纷纷创业实现自己的价值。

张瑞敏介绍海尔只有三类人，“一类人叫做平台主，平台主不是领导，是看平台上有多少创业公司，创业公司成功与否，能冒出多少新的跨界创业公司。一类人是小微主，也就是小型创业公司，看能不能够自

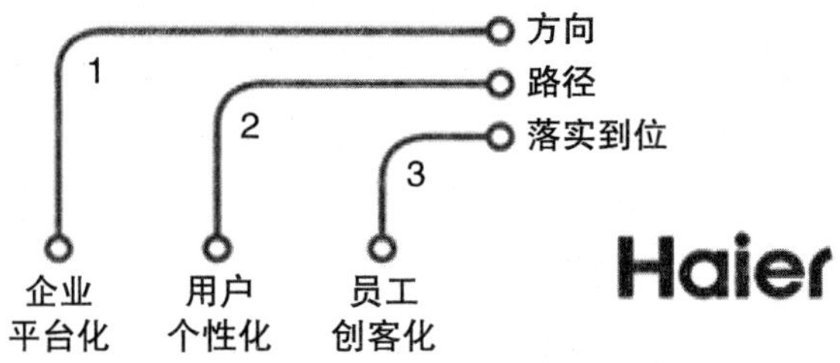

图15-1　海尔互联网思维

主找寻机会创业；最后就是创客，所有的员工都应该是创客。”企业不再开工资，让员工自己创造价值，企业就从原来制造产品的加速器，变成孵化创客的加速器。

张瑞敏介绍，员工创客化颠覆了雇佣制，员工从被雇佣者、执行者转化为创业者、动态合伙人。张瑞敏还表示，“大企业探索创业平台确实很难，我认为领导必须放弃决策权、用人权、分配权。每个小微都有决策，让团队自己决定用什么人、利益怎么分配。”

在移动互联时代，淡化中层的层级数量是未来组织转型的趋势之一。听得见炮火的一线已经具备节点到节点的沟通协同能力，并能形成自组织工作。每个员工都可能成为自组织的核心，负责自组织的经营决策和日常管理，每个员工都可能同时成为他组织的一员，承担他组织赋予的职能，员工评价可以是来自不同圈子的评价汇总，多维组织生态充分体现互联网去中心化、去中介化的管理特征。

企业、员工、用户、合作方的关系链、商业链、生态链都将改变，移动互联时代的企业将呈现无中心、无节点、无边界的形态。

在移动互联网时代，企业的边界在消失，跨界竞争越来越多，生产者和消费者的边界不再明显，员工、产品、社群越来越无边界化，C2M大规模定制崛起，科层制组织逐步失去活力，动态多维的网状组织正在崛起。

- **特征三：**以用户为核心的企业价值链变革

小米手机的粉丝营销做到了极致，小米论坛上米粉们提提建议吐吐槽，版本会根据米粉们的建议来改进，为此小米特别设立了“爆米花奖”，用户体验与员工绩效考核直接挂钩，数千万个“为发烧而生”的激情米粉倾心参与。米粉们还积极参与了市场调研、手机设计、功能测试、MIUI迭代、营销推广、品牌公关，组织线下的米粉同城会，甚至还成立了“米粉节”。

据不完全统计，米粉们帮助小米翻译了25个国家的语言版本，60万米粉参与了手机操作系统的开发，小米公司为MIUI适配了36款机型，米粉为MIUI适配了143款机型，米粉帮助做了10000种主题，100000种问答方案，米粉们在这些活动中体验到了参与感、荣耀感，真正有企业“主人翁”的感觉，如图15-2所示。

图15-2 小米是谁的企业

那么，小米是谁的企业？

从产权的角度上讲，小米公司是属于全体股东的，包括数轮投资机构以及雷军、黎万强等小米公司创始合伙人的。

互联网预言帝凯文·凯利谈到：“在未来的20~30年，去中心化是未来的不二法门，传统企业是线性增长，创新企业是指数增长，传统企业是自己完善产品，创新企业的产品是由客户来完善。”

米粉们的行为正好印证了生产者和消费者不再明显的特征，用户、组织、网络和实体渠道紧密连接在一起，小米不仅仅是其全体股东的，同时也属于全体米粉。

- **特征四：**云计算与社交化成为企业运营变革新方向

云计算能降低企业IT建设的TCO（总体拥有成本），提升企业综合效率，随着传统企业+互联网化，云计算逐渐成为企业级用户通过IT建设来实现管理创新的有效途径。

SaaS服务是未来云计算发展的主要方向之一，目前SaaS服务主要聚焦企业管理软件领域，部署快，费用低，安全级别高，功能快速迭代，业务永续，能将各项业务进行在云端有机整合，信息成本、交易成本、管理成本都会降低，随着云计算技术的提升，更多领域的SaaS服务将得到丰富，移动化场景下的互联应用将更加便捷，云计算在增加企业竞争力的同时成为传统企业启动变革的引擎。

随着互联网的不断发展，Facebook、Twitter、Youtube、Snapchat、Twitch、微信、QQ等社交平台的快速崛起，人们花在互联网上的时间更多了，线下的社交时间大大减少。Pokemon Go火爆全球，以AR技术应用为主的新网络社交模式，在享受虚拟世界带来的精彩时，也不忘现实世界的美丽之处，虚拟世界+传统实景结合的商业模式，带来无限的想象与发展空间。企业级的社交将以员工为中心，通过人际互联来实现业务流程的驱动，所有业务都是围绕着人来进行整合，使人真正成为管理的核心和终极目标。借助社交化的工具，人力资源管理也可以整合组织内外部的资源，打破组织和企业壁垒。

- **特征五：**大数据成为企业的标配

什么叫大数据？网络上流传的一个段子讲得挺有意思：

某比萨店的电话铃响了，客服人员拿起电话。

客服：×××比萨店。您好，请问有什么需要我为您服务？

顾客：你好，我想要一份……

客服：先生，烦请先把您的会员卡号告诉我。

顾客：16846146×××。

客服：陈先生，您好！您是住在泉州路一号12楼1205室，您家电话是2646××××，您公司电话是4666××××，您的手机是1391234××××。请问您想用哪一个电话付费？

顾客：你为什么知道我所有的电话号码？

客服：陈先生，因为我们联机到CRM系统。

顾客：我想要一个海鲜比萨……

客服：陈先生，海鲜比萨不适合您。

顾客：为什么？

客服：根据您的医疗记录，你的血压和胆固醇都偏高。

顾客：那你们有什么可以推荐的？

客服：您可以试试我们的低脂健康比萨。

顾客：你怎么知道我会喜欢吃这种的？

客服：您上星期一在中央图书馆借了一本《低脂健康食谱》。

顾客：好。那我要一个家庭特大号比萨，要付多少钱？

客服：99元，这个足够您一家六口吃了。但您母亲应该少吃，她上个月刚刚做了心脏搭桥手术，还处在恢复期。

顾客：那可以刷卡吗？

客服：陈先生，对不起。请您付现款，因为您的信用卡已经刷爆了，您现在还欠银行4807元，而且还不包括房贷利息。

顾客：那我先去附近的提款机提款。

客服：陈先生，根据您的记录，您已经超过今日提款限额。

顾客：算了，你们直接把比萨送我家吧，家里有现金。你们多久会送到？

客服：大约30分钟。如果您不想等，可以自己骑车来。

顾客：为什么？

客服：根据我们CRM全球定位系统的车辆行驶自动跟踪系统记录。您登记有一辆车号为SB-748的摩托车，而目前您正在解放路东段华联商场右侧骑着这辆摩托车。

顾客当即晕倒。

随着移动通信、移动互联、智能设备、云计算、物联网等新技术、新应用、新发展模式的出现，使互联网产生的数据越来越多，美国互联网数据中心指出，互联网上的数据每年将增长50%，每两年便将翻一番，人类从信息（IT）时代又进入了大数据（DT）时代。

根据Vanson Bourne对3000家美国、英国企业的调研数据表明：

60%的IT公司在全公司范围使用大数据；

48%的商业和专业服务公司在全公司范围使用大数据；

48%的其他商业领域的公司在全公司范围使用大数据；

47%的金融服务公司在全公司范围使用大数据；

38%的制造业公司在全公司范围使用大数据；

29%的零售业、物流和运输业公司在全公司范围使用大数据；

87%的公司某一部门有大数据应用的需求；

81%的IT管理者认为大数据可以增强公司的竞争力。

在移动互联网时代，快消品企业或者服务业企业可以利用大数据进行精准营销，获得更多的用户和收益；利用长尾理论做小而美细分市场的企业可以利用大数据来设计更有竞争力的产品和服务；+互联网的传统企业更加需要利用大数据保障转型的成功。

大数据在企业级市场得到了广泛应用，尤其是商业机构，设定商业和管理目标并排序，通过建立大数据模型，并进行动态监控和管理，实现管理的数量化和精准化，及时给出管理建议，建立反馈体系，分析数据并迭代指标合理性，通过数据分析进行管理诊断和未来趋势预测。例如利用大数据“样本就是全数据”的优势，产品研发部门可以设计用户喜欢的产品服务，人力资源部门设计员工喜欢的考勤、假期、福利、团队建设、激励方案等。

- **特征六：**CEO是网红

2016年4月16日21:40，上海虹桥机场，72岁的任正非独自拉着拉杆箱，在排队等候出租车，没有助理和专车，照片在朋友圈被刷爆，引发无数感慨，百度指数暴增559%，任正非瞬间成为网红，大家对华为公司甚至华为手机产品的美誉度大幅提升。

2016年上半年Papi酱的爆红以及游戏、秀场等各大类型主播们的强势崛起，使“网红”早已成为2016年整个互联网出镜率最高的词汇之一。

微博是网红的重要平台，是一个强有力的多级传播平台，也是一个超级营销工具，企业可以做低成本营销，推广新产品、新服务，跟踪整合营销活动，进行舆情监控和公关工作，提高企业和品牌知名度，快速响应用户意见、提高满意度等等。粉丝超过千万，微博好比是家电视台，超过一亿，微博就是CCTV。

以最为活跃的企业家大V雷军的微博为例：

雷军新浪微博注册时间为2010年5月31日，截至2016年10月5日粉丝1363万，微博发布6318篇。

作为小米的超级推销员，雷军以不同的方式将自己推送到前台，包括微博互动、产品发布会、小米粉丝同城会、网络直播、自编自导小视频传播，与用户产生高频的互动，通过其自身的影响力，提升了公司和产品的美誉度。

网络直播作为一种新兴的营销渠道，以便捷、低成本的特点吸引了众多企业。

4月7日，影视演员刘涛开通视频直播平台，没想到竟因人气太高，导致网络瘫痪，粉丝同时在线人数破17万，总收看人数高达71万，女神刘涛直播中，引来众位明星“出镜”看热闹，跟网友聊天，包括蒋欣、杨烁和王凯。

5月27日，电视主持人鲁豫直播亚洲首富王健林的一天，最高峰时期同时观看人数超过了30万。

6月20日，郭广昌为复星集团豫园商城·Club med合作签约仪式暨北海道Club Med TOMAMU度假村发布会开启了他的直播首秀。

8月9日，联想举办了以“放肆联想放肆爱”为主题的联想粉丝节，联想集团杨元庆为自己的企业直播站台。

8月10日晚，里约奥运会女子100米仰泳铜牌获得者、“洪荒少女”傅园慧通过映客及应用宝直播版块开启直播首秀，在线网友数突破千万。在直播中，傅园慧虽无采访时的逗比和表情包，但还是“神句”百出，颠覆了主持人的传统套路。

8月15日晚，小米公司CEO雷军进行了“小米5黑科技实验”直播，通过现场做实验的方式，向喜爱小米的用户讲解小米5搭载的诸多黑科技。直播在小米直播、小米商城、QQ空间、一直播以及billbill等5大平台进行，短短一个多小时就聚集了超高人气。

9月25日，格力电器董事长董明珠和StarVC创始人任泉、搜狗公司CEO王小川、《凯叔讲故事》创始人王凯、泸州老窖董事长张良、跳吧

CEO严炎一起进行了一场直播。这也是董明珠的直播首秀，她表示第一次参与网络直播，感觉自己更年轻、更快乐。在1个小时的直播中，累计观看人数超过25万，登上了该直播平台的即时榜首。

网红化本质就是社交网络化。根据Weber Shandwick的调研发现，2010年只有36%的公司CEO是网红企业家，2012年这个占比是66%，2015年这个占比是80%。自2010年至今，网红企业家的占比提高了一倍多。

越来越多的企业意识到高大上的传统媒体已经不适合消费者心理需求，网络直播作为新的市场营销方式，与用户和粉丝的直接互动更接地气，内容的传播更有影响力，用户和粉丝可以直接感受到企业的品牌与领导人的个人魅力。在全球范围内，企业家在社交网络上的存在和体现将越来越强，企业家的网红化已经成为大势所趋。

- **特征七：**共享经济模式重塑传统商业模式

我们的社会机制，特别新经济机制，将逐渐服从于网络的逻辑。了解网络的运行方式将会是理解新经济运作的关键。——凯文·凯利《新经济新规则》

“互联网精神”是平等、开放、协作、分享，互联网让分享变得更简单，维基百科的知识分享、linux系统开源代码、云计算都是分享经济的模式。

共享经济是随着移动互联网、云计算、大数据、社交网络、智能设备等技术和平台的广泛应用而发展起来的，共享经济颠覆了传统产权观，将所有权与使用权分离，实现超越时空限制的信息交流与分享，将闲置的资源提供给有需求的用户，目的在于对使用权的最大利用，鼓励人们分享彼此闲置的资源，从而实现资源利用率的最大化。Uber和Airbnb是共享经济模式的典范。

2009年Uber在美国旧金山诞生，起初是一款打车APP，Uber利用移动互联技术和大数据算法，实现快速定位、精准派单、导航、结算支付、征信监管、保险保障、客户服务等，提供给乘客随叫随到的通行便利和高质量的服务体验，很多Uber司机都有自己正式的工作，一般利用工作之余通过开Uber赚取额外收入。Uber 突破了出租行业以法规牌照的行业壁垒迅速崛起，获得了资本的狂热追捧，目前估值已经超过620亿美元（截至2016年8月），累计融资超过了180亿美元，其业务遍布全球72个国家460个城市。Uber改变了人们的出行方式，无一例外给当地的传统出租车行业带来巨大的冲击，颠覆了传统出租车企业的经营模式，颠覆了一些行业秩序，改变旧有的商业模式，影响着三十亿人的工作生活观念和方式。随着Uber在餐饮、快递、健康、旅行等垂直行业规模化快速拓展，未来Uber有望成为一个世界级的共享经济生态平台。

尽管目前还存在监管不足与安全缺陷，但共享经济的魔力在于对社会资源的重新分配与连接，必将成为移动互联时代一个重要的发展趋势。

- **特征八**：混沌动态不平衡

古典管理学者法国的法约尔专门提出了企业内部管理的一些要素，基本的观点就是企业的职能部门要进行的工作就是内部部门之间的再平衡。

传统企业经营，追求的就是动态平衡。所谓企业动态平衡发展，是指因内外环境发生变化，企业原有的平衡运转机制被打破，企业为此要按新环境要求重塑平衡，以此推动自身不断成长的周而复始的循环过程。

凯文·凯利在其《新经济 新规则》中写道：“最近的生态学研究表明，自然界中不存在平衡状态，在进化的作用下，新物种不断代替旧物种，生物群的构造持续进化，生物和它们栖息的环境改变着彼此。”

《周易》阐释了万物变易之道，天地之间唯一不变的就是变化，日新又新，没有任何一刹那不在变动之中。否卦“否极泰来”、剥卦“剥极而复”讲的就是变化哲学。

人类社会也是如此，行业企业也不例外，移动互联智能化时代，企业不能再追求长久的平衡，外部的变化非常快，系统内部保持均衡，静止了，就意味着僵化了，那么最终会停滞，走向死亡，被时代淘汰。

凯文·凯利所说的“均衡即死亡”，应该作为每个企业的警示句。

互联网转型金字塔模型

- **互联网转型金字塔模型**

在互联网经济大潮下，传统企业对互联网从“看不上”、“看不懂”，到随波逐流纷纷向+互联网转型，八仙过海各显神通。很多企业发现“玩不了”，失败的企业比比皆是，+互联网成功的企业凤毛麟角，大多数传统企业还在+互联网的路上焦头烂额地拼搏着。

我们对理才网Daydao 平台上抽取2万家企业用户做样本统计分析，数据如下：

目前约80%的传统企业处于+互联网第一阶段“新媒体新渠道”阶段；

约10%的传统企业处于+互联网第二阶段“微创新”阶段；

约5%的传统企业处于+互联网第三阶段“产业链整合再造”阶段；

约4%的传统企业处于+互联网第四阶段“颠覆式创新”阶段；

基本上没有传统企业处于+互联网第五阶段“生态体系”阶段。

在互联网+、大数据、云计算等科技发展的基础上，我们对市场、用户、产品、企业价值链、商业环境甚至社会生态进行重新思考，通过大量实例验证和理论研究，设计了一套行之有效的传统企业互联网转型金字塔模型及平台战略方法论，如图15-3所示。

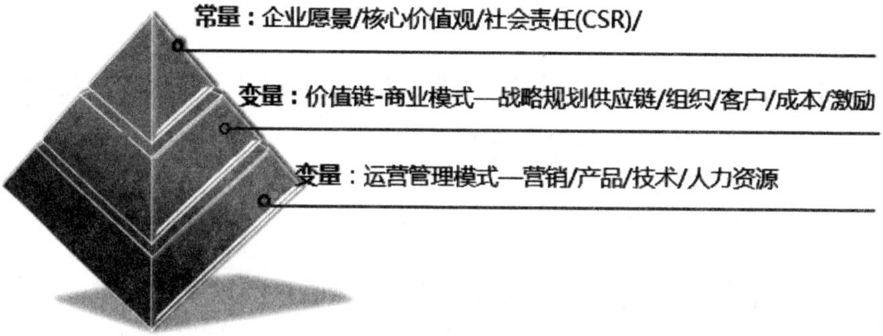

图15-3　传统企业互联网转型金字塔模型

该模型分为三层，顶层是常量，代表在一定周期内基本不变的管理要素，如企业的愿景、价值观、社会责任等。

企业的核心价值观是基业长青的关键。古人云“所谓易也，变易也，不易也”，事物常变，但其中的道（核心价值观）是不变的。吉姆·柯林斯（James Collins）在《基业长青》案例分析中观察到，凡是能够基业长青的公司，都是因为他们保留了亘古不变的核心价值观，企业运营管理等方面则是与时俱进，持续创新。

中层的价值链-商业模式属于变量，涉及的管理要素有企业价值、创新维度、客户定位、成本与盈利、供应链、战略规划、顶层激励等。

现代管理学之父彼得·德鲁克（Peter F. Drucker）认为，互联网时代对市场的争夺，与其说是产品与服务的竞争，不如说是商业模式之间的较量。

在互联网经济时代，产品和服务具备无限复制性和共享性，产品与服务的创新不可能给企业带来绝对的竞争优势，价值链–商业模式已经成为企业生存与竞争的原点，企业与利益相关者之间是否建立在“平等、开放、协作、分享”的商业生态平台上。

技术将驱动价值链–商业模式的创新与变革，传统企业+互联网必须首先分析价值链重塑商业模式，这是转型成功的关键。

底层的运营管理模式也是变量，涉及的管理要素有流程、组织、营销、产品、技术、人力资源、财务、资金等。

- **互联网转型七步方法论**

对于在行业内比较有影响力的、处于领导地位的传统企业，在+互联网转型过程中，我们建议采用平台战略，如图15–4所示。

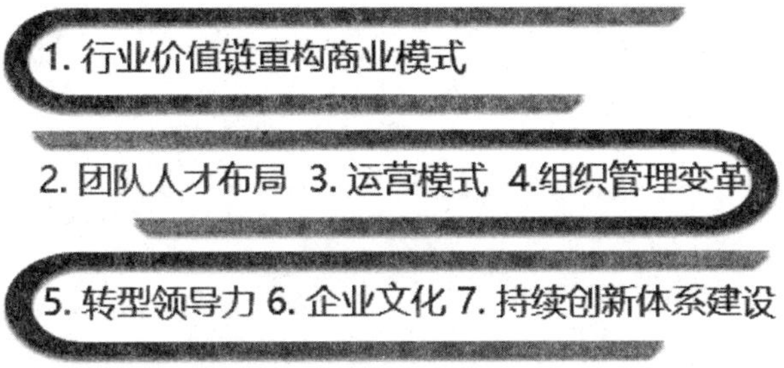

图15–4　基于平台战略的互联网转型七步方法论

我们研发设计了基于平台战略+互联网转型的七步方法论，分别从行业价值链、商业模式、团队人才、运营模式、组织管理、领导力、企业文化、创新体系等方面进行系统化转型。

我们需要分析企业所在的行业及利益相关者，横向和纵向的协同机构，企业内外部市场和用户群体，从刚需、痛点、高频、跨界四个维度做分析组合，重构行业价值链和商业模式。得合伙人者得天下，重组人才团队，传统行业企业的人才提升互联网方法论，组合互联网企业的运营、产品、市场等人才，熟悉传统企业、行业的商业规律，用MVP的方法，不断试错，快速迭代，探索变革新的运营模式，并按新运营模式进行企业组织、流程、制度变革，逐步建立去层级、去中心化开放的组织，企业中每个员工都是自组织的领导，也是他组织的成员，全员转型领导力，参加学习知名互联网企业，参加创业创新营的组织，加入电商协会等，塑造符合开放、平等、协作、分享互联网精神的企业文化，建立健全股权、期权的激励体系，鼓励组织的裂变和组织，保持组织的活力，保持创新体系的持续。

第五部分

互联时代的管理变革

附文

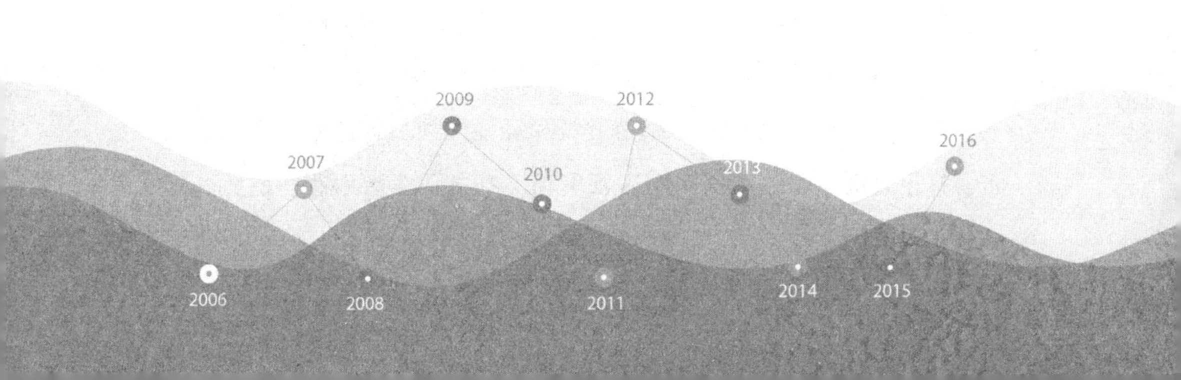

附文1：年轻人怎么在2B领域创业？有三道坎要过

关于互联时代企业的经营与管理变革，本书作者陈谏先生接受了i黑马采访，陈谏先生结合在企业级服务20多年的工作积累和创业经验，分享了对近几年企业级服务爆发动因、2B和2C创业差异以及企业级服务如何深入与行业结合上等诸多问题的看法，希望对在企业级服务领域创业者有所启发，也希望这个鲜活的案例能让读者们更加深刻、清晰地认识到借力、乘势这波移动互联的浪潮，及时把握、推进、落实企业的经营与管理变革之重要性。

以下内容摘自i黑马对陈谏先生的采访稿：

- **做2C和2B创业有什么不同**

2C和2B创业最大的差别在于，2B创业需要有非常多的经验，因为它涉及很多业务逻辑、应用以及资源。所以一般来讲，年轻创业者在2B领域创业难度非常大。2C往往想出一个创意，抓住一个点，很小的项目可以把它做大。

从2B来讲，并不是看你有多大的创意，而在于企业管理，里面有各种业务和系统，需要很多年的积累。另外2C往往依靠个人创业就可以把公司逐步做起来，2B无论是从产品营销，还是市场、服务来讲，每个方面都需要很强的团队，这是两个不同的地方。

第三个不同的地方是，2C是砸钱和烧钱的项目，要砸入市场往往需要打很大的广告，第一时间占领市场。2B并不需要砸很多的钱，你只要把产品做好，客户能够感受到你的价值，口碑就起来了。

- **企业级服务近几年爆发原因**

1. 移动互联网兴起

在很长时间里，中国的企业级服务都处在一个比较痛苦和艰难的时期，也就是说企业的需求在之前一直远远超过产品的服务。无论是产品的完善程度还是服务质量，都很难服务好企业的管理。

在企业级服务这一块，拿做SaaS来讲，表面上看是把传统的东西搬到了互联网上，但是本质上而言，是改造了它的运营模式、运用特征，特别是把一些企业服务之中难点、痛点问题都解决掉了。

所以在这一块来讲的话，企业的需求是很旺盛的，只是现在找到了一种解决这种需求的思路。通过互联网平台，构建一个生态，再在上面把应用碎片化，就是很好的思路。

2. 资本市场催热

目前来讲，企业级服务还是一片蓝海市场。在中国也就是2014年正式起步，2015年被称为SaaS之年，现在还处于初级阶段，所以这块市场的空间是巨大的，资本市场也是看好这一点。另外，2C这块机会已经非常少了，资本在培育一些新的热点，资本一进来，行业也随之热起来了。

3. 技术基础逐渐成熟

技术基础的逐渐成熟也是非常关键，其实我们在2005年做过一次SaaS，那时候把整个运用都开发起来了，包括新浪都是我们的客户。后来也就是基础、宽带等基础技术不成熟的原因，导致速度运行比较慢，安全系统不是很完善，再加上服务器的获取成本太高，整个项目做的不是很顺利。

所以在当时的环境下，没有云计算，也没有大数据的概念，基本上跟你配套的平台公司或者基础技术服务公司都还没有成熟。

为什么现在这么火呢？因为从2012年起，不论是BAT还有国内的其他企业，都在往这块布局，包括腾讯和阿里的一些平台，在大数据、应用系统以及技术设施上都比较完善。通过这几年的搭建，现在应该是一个最好的时期，也就是说在一个外围的环境中能够很清晰地找到你的SaaS之路，或者是找到企业级服务上很优质的伙伴。

● 中美年轻人进入2B领域创业的差异

中国和欧美国家最大的不同在于，欧美国家的企业标准化程度很高，基本上它运营模式是可以预知或是简化的。但中国的企业各自为政，需求、运营特点、发展规模、运行方式上往往有很大的差异。

所以在这一块来讲，国外的年轻人有很多方法可以第一时间去模仿，或者是填补标准化程度小的空白。在中国基本上是空白的，或者标准化程度太复杂，很难找到哪里是你的切入点。所以在中国做2B创业，它还是一个复杂的系统工程。

如果年轻人要来这个领域创业，选定一个细分领域深耕，和做B端，做平台的公司进行合作，这是很好的出路。

● 企业级服务人才跟C端人才有何不同

企业服务这一块人才合作的程度非常高，也就是说在行业知识互补或者是需要协助的方面非常多。在2C这一块，找机会继续留人搭建队伍，把产品干起来基本上是可以的，相对于2B要简单很多。

举个例子，有的C端业务，把它做起来以后，换CEO或者换创始人，可能影响都不是很大，但是2B这一块几乎不可能。团队搭建了以后，换人很难干下去，所以在2B这块，应该是它的系统结构像一个整体的结合体，哪一点少了都不行，它更加复杂。

- **企业级用户有什么特征**

普遍来讲，在最早期阶段，新兴公司这类用户比较多，像我们系统偏向于中小企业，大概在100人左右，甚至是在一个部门进行使用。所以这类企业的组织，或者业务系统相对比较简单，但它能够在我们平台上获取培训，继而搭建管理体系，包括测评、绩效、组织体系等。

往后面走，一些中型公司用户会对于管理和一站式的服务平台要求比较高。到2016年，我们发现企业在使用某个模块的时候，在往深的方面走，很多的工具都已经在使用了，而且付费的意愿提高了很多。另外从行业来看，一些服务性公司、高科技公司，以及互联网公司用户会比较多，制造类公司少一些。

- **企业级服务创业中容易碰到的几道坎**

核心还是产品，所以首先要把产品开发出来，这个产品不光是把功能实现，还是要客户真正喜欢的产品。受欢迎的产品表现在两个层面，一是用起来非常方便，第二个要非常专业，能够支持复杂管理系统。我们平时都说一个伟大的公司，必须要有一个伟大的产品，所以这是第一道坎。

第二道坎，你有了好的产品以后，总归要把它推向市场。这里也讲解很多策略，因为2B的市场，不是靠你打广告，大家就能接受。你要通过一整套可以落地的方案、方法论等去教育客户，在营销体系建设这块，中国还没有可以参考、学习的SaaS公司，这就需要我们在不断地实践中成长。

第三道坎，企业级服务确实还是一个大资本投入的市场，不是说几百万几千万就能搞定的。理才网这个项目，前前后后的投入估计在15个亿左右。像一下子能够融到这么多钱，能够吸引这么多钱来投资的团队，在中国应该还是比较少的。所以在这一块来看，当客户用起来以后，你怎么样通过互联网的手段去长期地服务好这些客户，让客户在使用过程中源源不断地产生价值，并分享利益，达到与客户共同发展的良性状态，是非常关键的。

● 企业级服务产品如何推广运营

最好的方式就是合作，在运营方面，你自己的整个体系建立起来以后，客户上来以后，你就需要在生态圈里不停地寻找跟你互补的团队，特别是创业型的团队。

另外就是跟BAT的合作，其实我们跟腾讯已经开展了9个方面的合作。再加上像平安、阿里、华为这些大公司，都是我们很好的合作伙伴。还有就是我们跟人力资源管理友商在进行合作，业务方面虽然有一些重叠，但我们是以开放的心态，尽量让合作伙伴找到在daydao生态中的定位，找到可以快速发展的机会，我们去支持他们发展起来，共同服务好用户。

● 如何增强企业级服务的营收能力

企业级服务做到盈利是非常非常难的，包括国外一些公司，有的做了10多年，也还在亏损的状态。一个企业要做到盈利的话，首先你要抓住客户的付费点在哪里，跟客户一起来分享价值。如果你做一个产品提供给企业，能够使企业的价值成倍的增长，这个是比较好的，也能让客户产生很大的付费意愿。

像一些标准的应用，像OA、CRM、HR这一块，都难以做到很高的收费，这也是在企业级市场难以实现盈利的重要原因。理才网的做法可能跟这个有很大的不同，它的主要核心是抓行业产品，是客户需要凭这些行业产品来吃饭的一些应用。

- **企业级服务如何与行业深度结合**

一是要有一个非常优秀的平台，在平台上集成很多关键性的技术，从安全、数据库、运营管理，到服务模式等等。二是要对行业运营有深入了解。比如说制造这一块，分为十几类不同的制造，每个应用都非常的复杂和不同，所以就需要一个很强大的专家团队，才能够把它应用起来。

同时，在这块单靠平台本身的力量不足以支撑，需要各种行业上的合作伙伴，也就是说你要有深厚的资金，才能够把行业的团队并购进来，才能成为一个体系中的股份。

- **企业级服务有什么样的发展趋向**

普遍上来讲的话，很多公司都是想先做一个SaaS，然后再慢慢发展成PaaS。我们不是这样的，从2005年到2014年，近10年时间我们已经把整个企业级服务的蓝图规划出来了。我们先规划了一个PaaS，在这个PaaS平台上部署我们的水平应用、行业解决方案，还有C端怎么走，都已有成熟的思考。

有时候先做SaaS，再去做PaaS的话，肯定是这个PaaS没有搭建好。就像盖房子一样，先盖了房子再盖地基，是有问题的。甚至要把这个SaaS成型改造，这个难度非常大。所以从这一点来讲，我们先做好一个地基，再盖房子，再来提供使用，是这样一个逻辑。

我们的daydao平台开发80多个人，做了近三年的时间，现在还没有做完。初创型企业把资金、人力、物力搭建在这个PaaS平台上，那对你的融资，以及后面的压力是非常大的。在PaaS平台的结构研究和分析上，差不多花了十年的时间，应用框架、底层技术等方面，积累了很多经验，这实际上在短期内很难完成。

那对于初创型的企业，我建议它的一个很好的想法、点子，是跟我们来进行合作，作为一个细分的应用。我们提供整个平台还有技术方面的支持，同时还可以给他带来第一批客户。

- **巨头与中小型公司的企业级服务有何不同**

BAT做这一块，大多是从OA来切入的，因为OA相对于企业来讲，是比较简单的，它的标准化程度很高，是较轻的应用，容易形成规模。如果是涉及复杂的行业，或者是细分领域的一些应用的话，BAT并不占优势。

BAT的优势一是资金，二是大量的C端用户，推出一个产品，传播的影响力还是比较大的。但是在专业的深度，不管是做产品还是做营销服务，基本上他们是比较欠缺的。所以，他们的优势很明显，短板也是很明显的。

附文2：餐饮业如何应对“互联网+”时代

（刘大东）

民以食为天，在“互联网+”与“双创”的大政策与经济环境之下，餐饮业也纷纷借力互联网，构建餐饮商业生态，推行着经营与管理的变革，以下内容摘自于中国人力资源管理网刘大东老师的文章：

曾几何时，传统的不能再传统的餐饮业，在互联网+时代背景下，为各路诸侯打开了掘金之门，BAT等线上的大佬携带雄厚资本、流量及大数据纷纷涌入，甚至杀向线下。而传统餐饮企业合众连横，组团取暖，从线下走向线上，一时间风起云涌。

在这波浪潮下，互联网+冲击餐饮业的同时，也推动着餐饮业的创新发展，互联网+成为餐饮业发展的新趋势，中国餐饮业正在从传统服务业向现代服务业转型升级，发挥餐饮和互联网的融合价值，形成经济发展的新动能，成为业界关注的焦点。

● **互联网+时代，为餐饮业提供新的发展机遇**

中国老百姓对美食的热爱，造就了一个规模高达近3万亿元的消费市场（2014年市场规模为27860亿元），已成为继房地产、汽车之后的第三大消费市场。而与此同时，2014年，整个中国餐饮业O2O市场规模近千亿元，占餐饮行业比重为3.5%，如果按照餐饮业每年增长10%计算，到2017年，全国餐饮业O2O市场规模将突破2000亿元。

从产业形态上看，互联网与餐饮传统产业加速融合，一大批的互联网企业和互联网从业者加入餐饮行业，并直接或间接参与餐饮管理和营销，而“互联网+”成为餐饮产业发展新动力。

从创新模式看，传统餐饮企业向互联网化发展，拓宽销售渠道、延伸销售半径。新一代信息技术，特别是在线服务（saas）与传统餐饮业经营融合不断深化，原有的营销、管理模式都将被彻底的颠覆，互联网的思维将更多的融入到餐饮行业的策略制定上来。

从组织形态看，餐饮业态小型化、智能化、特色化特征日益突出，即是要通过更加个性化来吸引消费者，更加便捷的体验来让消费者感到舒服愉悦，以及更加智能化的模式来为商家节约运营成本。移动互联网对餐饮业营销环节产生的颠覆式影响正向其他环节渗透。未来餐饮业不仅是传统的吃喝这么简单，更可能是餐饮服务的基本功能+主题文化+消费体验的平台型行业，跨界合作、跨界发展将成为餐饮行业的发展趋势。

- **互联网+时代，餐饮业应更具匠心本质**

目前针对商户的互联网+餐饮主要有三种模式：团购、外卖和在线订餐点餐。外卖给消费者创造的价值是便捷，而团购和在线订餐更多在于引流，为商户创造的价值有限，难以凝聚商户和维护粘性，导致平台营运B端和C端均需大量补贴引流，其结果是：

1. 互联网O2O企业在介入餐饮行业时，目前为止并未给消费者和餐饮企业创造真正的价值，引流呈现存量而不是增量；

2. 大多数以打折、优惠损害餐饮企业的利益为前提，未形成三方共赢；

3. 几百个团购网站的消失，以“饭是钢”“饭桶”为代表的一批餐饮平台正在死亡；

4. 商业模式的缺陷是团购、打折，这是餐饮互联网O2O企业折戟沉沙的根本原因。

在现实中，互联网+餐饮的核心还在于回归餐饮经营匠心本质——注重线下的服务与体验，能否给消费者创造真正的价值，顾客有了良好的体验，对品牌有了信任与依赖，然后在线进行评价，订餐，再到线下，形成良性循环，才能形成闭环，创造真正的价值。而互联网+餐饮更多是关注C端顾客，而很少有关注B端餐饮企业为其提升管理效率、创造竞争优势的。

说到餐饮的匠心，就必须说到菜品的口味与出品的更新迭代，防止老用户因为吃腻了“老三样”而离开。口味毋庸置疑，是产品的核心。但是如何成就一个好的大众都爱的口味，需要做市场调研，收集需求，确定食材与配料，然后烹饪菜品并小范围进行测试，收集反馈意见后再继续进行微调，如此循环直到满意之后再推出市场。几千年的餐饮传统早已形成了一套独特的经验体系，最为关键是标准化与流程化的餐饮管理和执行。

服务也是就餐的顾客最关心的一个方面，是真正隐藏在用户就餐体验背后的核心要素。服务水准好坏考验的是管理水平。海底捞成功的背后有一系列规章制度与管理流程做支撑，真正实现了人性化和标准化管理的融合，无怪乎多数模仿者只能学到皮毛。令人担忧的是，餐饮从业者学历低，学习能力弱，领悟力、执行力不强。在互联网实践中，线下餐厅的管理水平、执行能力与线上对接将是长期的难题。

● 互联网+时代，餐饮业有效激励是赢得发展的关键

互联网+餐饮不仅从前端（即C端顾客）对餐饮企业产生深远影响，也对餐饮企业自身的经营管理产生深远影响。在互联网时代，组织结构更为扁平、产品迭代更为快速、沟通交流更为方便、人员流动更为便捷，而且随着人们消费观的改变，餐饮市场竞争得更为激烈，对人才需求和争夺将越来越大，如何激励员工就成为了餐饮业人力资源管理的焦点。

任何组织的发展都需要稳定的员工队伍，员工队伍的稳定是餐饮业持续发展的关键因素，餐饮企业员工的流失会造成相关费用的增加，给企业带来经济损失，引起员工队伍的不稳定。目前，员工流失的主要原因是激励机制不够健全，构建激励机制可达到降低并控制员工流失率的目的。

餐饮企业需要创新激励模式、放开传统思维偏见，即使对一线员工，只要为顾客创造价值、为企业创造效益，均将视为企业不可多得的人才，是人才就要进行短期与长期相结合的激励，以使员工队伍稳定与成长。餐饮企业只有充分激励员工，提高他们的积极性、主动性和创造性，企业的核心竞争力才能显现出来。增加餐饮企业对员工的职业生涯发展关怀，提供的培训机会，激励机制建设以餐饮企业和基层员工个人共同发展为目标，可以帮助员工创造接受新知识、掌握新技能的条件，不断提高其自身综合能力和素质水平，提升其终生就业能力。与此同时，通过充分激励员工，其自身素养得到提高，工作和服务质量有所改进，企业的核心能力也得到了提高，有利于促进企业发展目标的达成。

- **互联网+时代，餐饮业应主动打造或融入生态圈**

互联网时代的本质是人被互联网改变，当消费者发生改变的时候，意味着餐饮服务提供者在各个环节都需要重新设计，当今年轻人是少品的一代，未来餐饮业要做“极致产品”并迭代创新，走减法路线，少品化，塑造自己特色的品牌印记、粉丝群体和核心竞争力。

对于“80后”、“90后”而言，产品是基础，他们更需要好玩、有趣、能参与。娱乐化，好玩和有趣能够驱动顾客自传播。企业与顾客的关系，已经从过去的上帝、后来的朋友变成了现在的粉丝。真正的粉丝是你的店还没开，他就知道你的产品是什么，你是为谁而开的；如果等开业了之后再花钱吸粉、做粉，都不是粉丝经济的含义。

未来，餐饮的本质是社交，当前场景化餐饮时代已经来临，餐饮企业不能单纯做某一款产品，而是要做解决方案。互联网主要改变的是人际关系，而餐饮就是关系的生意。当互联网把传统关系打破，各种各样碎片化的近关系占据主导之时，整个餐饮生意都要重新处理。如果说早期是靠勇气、勤奋和产品，后期则靠精细化管理、消费者的识别，以及组织形态的灵活调整。现在，餐饮产业发展的基本路径是从小、散、乱、弱，到规模化、连锁化，到品牌化、产业化，企业获取利润的方式，正在从市场扩张的增量转向依靠细分化市场。在这个过程中，没有转型能力的既得利益者，将要被重新分配甚至淘汰。

未来，门店的功能可能从原来的赚钱、服务、卖产品，转化为品牌展示与服务体验。现在不仅出现了一些纯做外卖、根本没有店面的企业，很多快餐行业的供应商也都纷纷进军快餐业，原来需要店面来制作的食品，现在由工厂直接做好，通过配送直接送达给消费者，这将对整个快餐行业形成非常大的冲击。

面对消费互联网的巅峰时期，产业互联网进入高速发展期，餐饮业的核心是围绕顾客解决消费问题和优化产业链，让消费者、供应商通过互联网的技术手段时时联通，优化资源配置。产业互联网的成熟意味着餐饮经营环境的巨变，一方面是餐饮业+互联网，就是把互联网先进的技术、理念、思维、方式等加入到餐饮业，传统餐饮企业要重视技术投入，加快信息化建设，挖掘互联网对传统餐饮企业在营销、管理等各个方面的作用，使互联网技术真正成为自身加快转型的助推器；另一方面是互联网+餐饮，互联网企业应从为餐饮企业提高效益，解决信息化难度出发，通过持续的技术创新，为餐饮企业提供更有效的解决方案。现在是个合作共赢的时代，应该搭建起一个生态圈，每个企业发挥不同作用，共同发展。

参考文献

王石. 王石说：我的成功是别人不再需要我［M］. 杭州：浙江大学出版社，2013.

周鸿祎. 周鸿祎自述：我的互联网方法论［M］. 北京：中信出版社，2014.

陈玉新. 马云的局：阿里巴巴上市内幕［M］. 北京：中国法制出版社，2014.

孙建华. 雷军的谜：小米野蛮生长内幕［M］. 北京：中国法制出版社，2014.

金圣荣. 马化腾：我的互联网哲学［M］. 深圳：海天出版社，2015.

韩啸. 李彦宏：百度与智能时代的畅想［M］. 北京：中国言实出版社，2015.

李善友. 颠覆式创新：移动互联网时代的生存法则［M］. 北京：机械工业出版社，2015.